重庆市农村居民
生活消费市场拓展研究

CHONGQINGSHI NONGCUN JUMIN
SHENGHUO XIAOFEI SHICHANG TUOZHAN YANJIU

主 编 李 虹
副主编 艾 熙 鄢彩霞

西南财经大学出版社

图书在版编目(CIP)数据

重庆市农村居民生活消费市场拓展研究/李虹主编. —成都:西南财经大学
出版社,2014.7
ISBN 978 – 7 – 5504 – 1409 – 9

Ⅰ.①重… Ⅱ.①李… Ⅲ.①农民—居民消费—消费市场—研究—重庆市
Ⅳ.①F126.1

中国版本图书馆 CIP 数据核字(2014)第 093585 号

重庆市农村居民生活消费市场拓展研究
主　编:李　虹
副主编:艾　熙　鄢彩霞

责任编辑:张明星
助理编辑:李　筱
封面设计:墨创文化
责任印制:封俊川

出版发行	西南财经大学出版社(四川省成都市光华村街 55 号)
网　　址	http://www.bookcj.com
电子邮件	bookcj@foxmail.com
邮政编码	610074
电　　话	028 – 87353785　87352368
照　　排	四川胜翔数码印务设计有限公司
印　　刷	郫县犀浦印刷厂
成品尺寸	170mm × 240mm
印　　张	9.5
字　　数	100 千字
版　　次	2014 年 7 月第 1 版
印　　次	2014 年 7 月第 1 次印刷
书　　号	ISBN 978 – 7 – 5504 – 1409 – 9
定　　价	56.00 元

目 录

导　言

　　我国是一个发展中的农业大国，农村人口占全国人口的70％。目前，我国处于居民消费结构升级的发展阶段，农村居民储蓄率比较高，农村消费市场的潜力大，农村消费市场是全国市场体系中的重要组成部分。启动农村消费市场、繁荣农村经济、提高农民生活水平，是建设社会主义新农村的重要内容。然而，由于我国长期实行"城乡分制"，造成农村消费市场发育不良，市场启动乏力，这些因素严重制约着全国统一市场的形成和农村社会经济的增长、发展。因此，启动农村消费市场，对于保持国民经济持续稳定增长，提高农民的生活水平，完善社会主义市场经济体制和社会主义新农村建设等都有着重要的现实意义。

　　2012年重庆市消费品市场增长率保持在14％以上，实现社会消费品零售总额366.78亿元，同比增长16.6％，比11月提高0.3个百分点，扣除价格因素影响，实际增长15.7％。农村居民家庭的恩格尔系数为46.8％，由此可见，农村居民的消费需求具有较大的上升空间，消费市场开拓潜力巨大。从2000年到2011年，农村居民家庭人均纯收入（绝对数）从1892.44元增加到6480.41

元，农民收入水平不断提高，生活正由温饱向小康迈进，生活消费表现出由数量到质量、由单一向多元变化的特征。食品、衣着等基本生活消费比重下降，文化娱乐、交通通信等消费比重上升。农村居民生活消费结构升级还表现在对耐用消费品需求品种的变化上。以电冰箱、彩电、洗衣机为代表的大件商品正步入农民家庭，重庆市农村居民生活消费市场开拓潜力巨大。

本书在有关文献研究的基础上，综合采用理论分析和调查研究相结合的研究方法，对重庆市农村消费市场的现状和趋势进行深层次的研究和探讨，做出概括和判断。采用定量和定性相结合的分析方法，对重庆市农村居民消费水平、消费结构、消费环境等进行研究。自 1997 年设立重庆直辖市以来，重庆市农村居民的生活消费支出增长了 126.05%，年平均增长 6.48%。消费支出增长最快的是交通与通信，紧随其后的是家庭设备和娱乐教育，衣着和居住位列第三位。重庆市农村居民的生活消费结构呈现出逐年优化的趋势，基本型消费比重（食品、衣着、家庭设备）逐年下降。笔者采用时间序列分析法、指标分析对比法、结构分析法对重庆市农村消费市场的结构特征与发展趋势做出分析。重庆市农村居民随着收入水平的不断提高，对各种商品的消费表现出较大的差异，消费结构演化的基本趋势是由"生存型"消费需求逐步转向"发展＋享受型"消费需求，符合恩格尔定律，总体上反映出重庆市农村居民消费结构向更高层次演化和升级。在此研究基础上，笔者根据目前重庆市农村生活消费市场中农民的食品消费、居住消费、耐用消费品消费等不同消费类型的特征、趋势，从农民收入增加缓慢及收入差距扩大、生活消费基础设施落后且消费环境较差、流通体系和渠道不完善、农村流动性约束与金融体系落后等几个方面，对重庆市农村生活消费市场的疲软原因进行剖析；从增加农民收入及扩大消费需求、改善农村生活消费市场环境、改善农村商品流通体系和化解流动性约束对农村居民生活消费的制约，建立多元化、多层次的农村社会保障制度等几个方面来研究拓展重庆市农村生活消费市场的对策。

1. 导论

1.1 选题的背景与意义

1.1.1 背景

中国是一个拥有 13 亿人口的发展中大国，具有典型大国经济的特点。从各国经济发展的长期趋势看，大国经济增长要依靠国内需求的拉动，特别是最终消费需求的拉动。当前我国城镇需求增长明显放缓，提高农村生活消费市场需求就显得极为迫切。然而，我国消费市场的形势并不太乐观，城乡居民消费预期恶化并且收入分配差距过大，整体消费倾向偏低；教育、住房、旅游、汽车等受到一些过时的抑制消费的政策措施的约束，城乡居民消费在经历了 20 世纪 80 年代两次升级后，进入了新的消费升级准备阶段，其消费倾向减缓，消费结构升级受阻，消费增长难以持续。正是在这种大背景下，合理引导农民消费、启动农村居民生活消费市场成为了人们关注的焦点。人们开始意识到农村是我国最大、最基础的消费市场，农村居民是我国最大的消费群体，扩大国内需求，特别是农村居民对国内商品的需求已成为推动国民经济持续健康发展的关键因素。如果能够有效地提高占人口绝大多数的农民消费群体的消费结构、消费水平，开拓农村这个巨大的消费市场，将农村生活消费市场作为提高农村消费的突破点，不仅具有广阔的市场前景，而且对扩大内需和促进新经济发展具有重要的理论和实践意义。

重庆市农村居民目前的整体消费水平较低，有较大的潜力和开发空间。具体表现为以下几个方面：

从消费主体来看，重庆市农村市场集中了重庆市最大的消费群体。根据《重庆市统计年鉴》显示，2012 年居住在乡村的人口为1266.89 万人，占常住人口的 43.02％，与上年相比，乡村人口减少 46.15 万人。这是一个庞大的消费群体，有着巨大的消费潜力，任何商品的普及率只要提高一个百分点，就会增加巨大的消费需求。

从重庆市农村市场的需求潜力来看，具有较大的上涨空间。目前农民整体消费水平较低，2011 年重庆市农村居民的恩格尔系数为 46.8％，农村消费水平比城镇落后 20 年左右，消费需求的上升空间很大，消费欲望也很强烈。在城市流行的空调、热水器、抽油烟机、微波炉、家用电脑、影碟机、移动电话等耐用消费品，在农村的拥有量就很低。2011 年平均每百户农民比 2010 年增加彩电 8.78 台、电冰箱 15.17 台、洗衣机 11.94 台，如果未来几年能够继续保持这一增长势头，将对解决重庆市家电行业生产能力相对过剩，推动整个重庆市经济发展起到很大的作用。

虽然重庆市农村生活市场潜力巨大，2012 年居住在乡村的人口为 1266.89 万人，理应在整个重庆市农村生活消费市场上占据主导地位，但是现实情况却是：仅占人口 30％以下的城市居民在整个社会消费品零售总额中所占比重超过了 50％。1978—1985 年农村消费品零售额占全社会消费品零售总额的比重由 41％上升到 53％，1985 年之后这一比重却不断地下降，2000 年下降到了 38.2％，15 年间下降了 15 个百分点，几乎每年就下降一个百分点，农村市场与城市市场相比越来越处于弱势地位。面对这种现状，尽管我国自 1997 年起实行了刺激消费、拉动内需的政策，并采取了许多办法，试图增加农村居民消费，开发农村生活消费市场的巨大潜力，但是效果并不理想。主要原因是农村居民的消费是一种纯粹个人决策的行为，然而这种决策是在具体的制度环境和资源限制下做出的，他不仅受到农村居民收入低下的影响，而且还受到居民的消费环境、国家消费体制、农村消费市场的发育状况和消费政策等诸多因素的影响和限制，加之过去所采取的开发农村市场的政策侧重于利用农村市场而不是培育农村市场，使得农村市场不能有效地发展起来。目前，重庆市的经济发展进入了一个新的时期，买方市场已经初步形成，有效需求的不足对经济增长的制约作用日益显现。在此情况下，研究农村居民的消费规律、启动农村生活消费市场、提高农村居民消费，带动工业经济的发展，以工业经济发展带动农业的产业化、农民的非农化、农村的城市化，最终促进国民经济的可持续发展，成为了人们关注的一个重要问题。

1.1.2 研究意义

1.1.2.1 理论意义

消费是推动经济增长的主要动力之一，历来为世界各国所重视，也是经济学核心领域研究的重要内容之一。改革开放以来，我国对消费问题的研究经历了批判性引进、全方位学习、吸纳提高等几个阶段，到 20 世纪 80 年代后期、90 年代中期达到高潮。研究领域从消费函数的解释和适应，拓展到各种假设条件的修订，以及最近的制度层面的探索，从各个角度寻求扩大内需，促进我国消费健康增长的途径和措施。研究对象也从食品、日常用品、家用电器等一般消费品，扩展到文化教育、医疗卫生、基础设施等公用消费品。关于消费问题的研究已经达到了一定的深度。

但是，在各种研究中，也有一个明显的不足，消费问题的研究通常重视描述和政策含义解释，而忽视对内在消费行为及其背后因素的分析，将消费问题从消费现象解释、消费行为推演、最后到层次原因等方面剖析的研究成果并不是很多，而以这样的思路开展农村生活消费品消费的研究就更少了。因此，本书从研究农村生活消费品消费现象入手，进而研究重庆市农村居民生活消费品的消费行为，最后对消费结构和消费水平进行研究，并对制约农村居民生活消费的各项因素展开剖析，为重庆市解决农村生活消费品消费障碍提供政策理论依据。

1.1.2.2 现实意义

自 1998 年以来，扩大内需一直是我国经济面临的重大问题。在城市先后启动住房和汽车市场的推动下，我国经济保持了较快的增长。但是，如何启动农村生活消费市场，实现城市和农村协调发展的问题，一直没有得到足够的重视。近几年来，农村经济社会事业发展滞后，已带来越来越多的社会经济问题，加快农村各项事业发展，提高农民生活水平成为了全社会的共识。在这种背景下，研究农村生活消费市场具有现实意义。

首先，重庆市作为最年轻的直辖市，又是西部开发的龙头，如今其经济发展达到了前所未有的高潮。通过对重庆市农村生活消费市场拓展的研究，可以挖掘重庆市农村市场蕴藏着的巨大潜力；可以为工业发展提供广阔的空间；可以进一步加强农村和农业工作，保持农业和农村经济的稳定并实现更大的发展，使农业增产，农民增收，让农民尽快富裕起来。此外，其对扩大内需以及缓解通货膨胀的威胁，保持经济持续稳定地发展，也具有十分重要的意义。

其次，重庆市农村经济还相对比较落后，市场发展程度较低，这也对农民的消费产生了制约的作用。农村生活消费市场是农民在农村用手中的货币交换消费性商品及服务的场所，通过对重庆市农村生活消费市场环境、结构的拓展研究，有利于这一交换场所及消费环境的优化，满足农民多方面的消费需求，引导和促进农民消费需求的增长，帮助农民建立合理的消费方式和消费结构，为农民提供便利，节省农民的时间及费用，从而对农民的消费起到促进作用。

最后，现阶段重庆市农村生活消费市场的总体层次相对较低，消费结构的升级在总体上还处于由百元级消费向千元级消费的转变阶段。重庆市农村生活消费市场的扩张和消费结构的升级，对消费群体购买力提高的要求和产业结构升级的要求相对较低，比较容易满足。通过对重庆市农村生活消费市场的开拓研究，不仅有利于缓解买方市场格局和有效需求不足对经济发展的制约，还有利于延展重庆市许多产业的生命周期，提高重庆市经济总体的资源配置效率。本书的研究对于支撑农村经济，乃至整个国民经济的发展和产业结构的升级，做出了重要的贡献。

1.2 国内外研究述评

1.2.1 西方消费经济理论

消费问题一直是经济理论研究的核心重点内容之一，它既古老又前沿。古老是因为消费经济理论从英国古典政治经济学的创始人威廉·配第那里就开始被研究了；说它前沿则是因为到目前为止，消费经济理论仍然是经济研究的热门话题。2002年诺贝尔经济学奖获得者丹尼尔·卡尼曼和弗农·史密斯就是因为将心理学的方法引入经济行为（包括消费行为）研究而获奖。因此，研究我国消费问题不能不回顾和借鉴西方的消费经济理论。按照传统

10

的划分，西方的消费经济理论分为西方古典消费经济理论和当代西方消费经济理论。

1.2.1.1 西方古典消费经济理论

西方古典消费经济理论以节制消费为核心，其目的是适应资本主义生产方式确立时资本积累的需要。具有代表性的西方古典消费经济理论如下：

（1）威廉·配第的消费经济思想

威廉·配第是英国古典政治经济学的创始人。他的消费经济思想的核心是主张节制不必要的消费，以保证资本和财富的积累。威廉·配第把消费区分为必要消费和不必要消费，他认为，最不利于生产的是用于大吃大喝的消费，其次是用于购买衣料的消费。这里，他以是否有利于生产发展为标准区分了必要消费和不必要消费，这无疑是一种积极的、进步的消费观。同时，他还主张通过税收调节消费。根据社会上认为消费品丰裕会使人们消费过多，而消费过多又会使人变懒惰的观点，他主张政府应该对过剩的产品加征赋税来增加公共福利，并对穷人给以消费补助。因此，配第理论研究的重心是政府税收和公共经费的支出。在威廉·配第考察工人工资与其个人生活资料消费的关系时，提出了"生存工资学"，他认为，工人的平均工资应当等于维持工人最低限度生活所必需的生活资料的价值。在他看来，把工资限定在最低生活费用的限度内，不但表现为一种趋势，而且也是资本对于经济发展所迫切需要的。为此，他主张通过立法的途径精确规定劳动的价

11

格，使之始终保持在工人无任何储蓄的水平上。

威廉·配第是最早把经济理论的研究从流通过程转到生产过程的古典经济学家，他的消费经济思想最具有生产决定消费及消费影响生产观点的萌芽，对后来的马克思生产和消费关系原理产生了重要的影响。

（2）亚当·斯密的消费经济思想

亚当·斯密是英国古典经济学的主要代表。他的消费思想是主张把资本积累放在首要位置，节制消费。他的消费经济思想包括：

第一，勤劳和节俭是国民财富增长的必要条件。他认为："资本增加，由于节俭；资本减少，由于奢侈与妄为。"

第二，他严格区分了未来消费与目前消费、非生产性消费与生产性消费，以及他们不同的经济效果。他认为，目前消费只满足眼前享受、不能积累资本进行再生产；而未来消费可以鼓励人民节俭，并且还能生产出价值与利润。他高度赞扬生产性消费，强调抑制非生产性消费。

第三，他指出人们的两种欲望，"现在享乐的欲望"和"改良自身状况的欲望"。对个人而言，这两种欲望是冲突的，分别代表了过度消费和节制消费，但对整个社会而言，通常总是节制占上风。他首次提出了生产的唯一目的是为了消费。与重商主义为了生产者的利益而牺牲消费者的利益不同，亚当·斯密认为，生产不是一切工商业的终极目的，"消费是一切生产的唯一目的，而生产者的利益，只在能促进消费者的利益时，才应该加以注意，这个原则完全是自明的。"亚当·斯密还是劳动价值论的提出者和创立者，因此在生产和消费的关系上，他一方面认为消费是生产的目的，另一方面他更强调生产决定消费，这是他消费经济思想中的主线和核心。

（3）大卫·李嘉图的消费经济思想

大卫·李嘉图是英国古典政治经济学的主要代表和完成者，古典政治经济学在大卫·李嘉图这里达到了最高峰。大卫·李嘉图的消费经济思想包括：

第一，从赋税的转嫁和归宿的角度阐述了与消费相关的一系列问题。首先，他认为资本可以由减少非生产性消费或增加生产性消费来增加。其次，他认为税收归根结底来源于资本和收入。再次，大卫·李嘉图研究了地租税、利润和工资税对消费者的影响。最后，与亚当·斯密一样，大卫·李嘉图认为利润可以通过提高商品价格转嫁给消费者。

第二，大卫·李嘉图分析了消费欲望、消费需求和消费水平的问题。他认为人的消费欲望是递增的，并且一个人只要有没有得到满足的欲望，就需要更多的商品。他认为工人的消费水平可以由工资水平来表示，并得出了工人的消费水平因为工人人数变化而上下摆动，最终维持稳定不变水平的观点。

第三，大卫·李嘉图揭示了奢侈品和必需品的区别。他认为人们用来购买奢侈品的消费支出是一种非生产性的支出，而用来购买必需品的消费支出则是维持劳动力再生产的必要费用。除此之外，大卫·李嘉图还揭示了消费者与地主的利益对立关系。从总体上看，大卫·李嘉图的消费经济理论的核心与亚当·斯密的基

13

本相同，仍旧是强调资本及财富的积累，节制非生产性消费。但是，李嘉图的消费经济理论要比亚当·斯密的消费思想更加深刻。

（4）皮埃尔·布阿吉尔贝尔的消费经济思想

作为法国古典经济学家的创始人和重农学派的先驱者，皮埃尔·布阿吉尔贝尔提出了与重商主义极不相同的消费理论。

第一，他提出消费是社会各种收益循环媒介的思想。他认为社会各种收益之间形成一种循环，而沟通各种收益循环的媒介便是消费。增加消费就会引起收入成倍增加；破坏消费则对收入带来严重影响。

第二，关于金钱与消费的关系，他把金钱分为善良的金钱和万恶的金钱，他认为前者可以刺激消费，而后者却是起着相反的作用。皮埃尔·布阿吉尔贝尔的消费经济思想同他的经济理论一样明显带有反重商主义的色彩，这一点同英国古典经济学的创始人配第明显不同。同时，皮埃尔·布阿吉尔贝尔又存在夸大消费作用的倾向。

（5）魁奈的消费经济思想

魁奈作为法国古典经济学的主要代表，也是重农主义思想体系的创建者。他的消费经济思想表现在：

第一，魁奈特别重视消费对财富增长的影响作用。他认为，消费是再生产的不可缺少的条件，人是由于自己的消费而变得于再生产有益的。

第二，魁奈抨击了法国重商主义的消费政策，认为这些政策限制和降低了人民的消费。从重农主义的角度出发，他认为有必要让农民富裕起来，以便让他们消费更多的产品，从而促进经济的发展和社会的繁荣。

第三，魁奈提出了"纯产品"学说。在"纯产品"学说中，他区分了生产性消费和奢侈消费，从财富和收入的角度出发主张减少奢侈品的消费。为此，他强调发展农业，因为农业能生产人们生活的必需品，可以增加财富和收入；相反奢侈品的消费不利于财富和收入的增加。

第四，魁奈在经济学上一个重要的贡献是：在他的著作《经济表》中，他第一次试图对社会总产品的简单再生产和流通过程加以说明。他认为，一个国家如果能够按照他的《经济表》中设想的各种数量比例关系进行活动，那就能够正常地进行年总产品的再生产，否则就会使经济秩序失去平衡，导致国家的破产。

（6）西斯蒙第的消费经济思想

西斯蒙第是法国古典政治经济学的完成者。西斯蒙第的消费经济思想在整个古典经济学中显得更为丰富、完整。主要表现在：

第一，西斯蒙第第一个明确提出了消费决定积累、消费决定生产的基本观点。他认为消费既是生产的动力，又是生产的目的，生产应服从于消费。

第二，他提出了消费不足的经济危机理论。西斯蒙第第一个论证了资本主义制度必然发生经济危机。他认为造成资本主义经济危机不可避免的根本原因在于消费不足。这种消费不足是由于生产和消费之间的尖锐矛盾造成的，一方面生产无限扩大，另一方面消费却在不断缩小，因此最终导致了生产过剩的经济危机的爆发。

第三，他考察了生产和消费的比例平衡问题。他认为，在短期内，消费与生产比例平衡是一件偶然的事情；但从长期看，要改变消费与生产比例的不平衡，特别是在生产过剩的情况下，是十分困难的。

第四，西斯蒙第比较强调政府对人们的消费行为、消费习惯的指导作用。他认为，政府应当指导人们消费，并采取措施发展消费品生产和便利消费品销售，制定合理、公平的消费税制度，切实关心消费者的利益。

西方古典消费经济思想理论，反映了资本主义生产方式确立时期资产阶级对消费的理解及要求，同时也代表了新兴资产阶级的利益及新的消费观念。这些思想和理论为现代西方消费经济理论的形成、发展和完善奠定了基础。但作为现代消费经济理论的萌芽，受时代和不同历史时期经济、政治、科学文化的限制，古典消费经济理论又有很大的局限性，不可避免地带有不成熟、不完善的一面。

1.2.1.2 当代西方消费经济理论

当代西方消费经济理论是在古典消费经济思想理论的基础上发展起来的，研究内容主要包括消费者行为，消费结构，消费水平，消费函数，消费品的供给和分配中的政策、制度问题，等等，但是关于消费者行为的分析是整个消费理论的前提和基础。消费者行为指消费者受需求动机的影响做出的购买决定过程的行为。消费者行为过程既是消费者的思维、心理过程，也是不断采取生产方案、解决问题的过程。影响消费者行为的因素有经济、历史、社会等多个方面。按照古典经济学的研究框架可以分为内部环境因素和外在行为因素。消费者行为内在影响因素主要包括：理性主体、追求效用最大化、时间偏好、规避风险。消费者行为外在影响因素主要包括：价格弹性大小、流动性约束大小、预算约束等。

1.2.2 马克思主义消费理论

马克思主义经典学者们在研究资本主义和社会主义经济问题的同时，对消费问题也给予了很大关注，他们虽然没有系统地建立起关于消费经济的理论体系，但他们对于消费问题的大量论述及其所提示的一般性原理，是值得我们在研究农村居民消费时重视与借鉴的。

马克思批判地吸收了古典学派的正确观点，提出了科学的消费理论。其主要的理论如下：

（1）消费和生产的一般关系原理

马克思认为，消费和生产之间的同一性表现在三个方面。第一，直接的同一性：生产是消费；消费是生产。前者表现为再生产；后者表现为生产的消费。第二，每一方表现为对手的手段；以对方为媒介；这表现为他们的相互依存；这是一个运动，他们通过这个运动彼此发生关系，表现为互不可缺，但又各自处于对方之外。第三，生产不仅直接是消费，消费不仅直接是生产；生

17

产也不仅是消费的手段，消费也不仅是生产的目的。就是说，每一方都为对手提供对象，生产为消费提供外在的对象，消费为生产提供想象的对象；两者的每一方由于自己的实现才创造对方，把自己当作对方创造出来的。马克思对消费与生产的精辟论述，表明了生产与消费存在着相互依存、互不可缺的关系。

（2）经济危机与消费不足理论

在经济危机问题上，马克思主义者与古典及庸俗经济学家的"消费不足引发危机论"的观点有所不同。马克思主义者也承认消费不足、生产无限扩大与消费日益相对萎缩的矛盾的事实，并且指出消费不足、生产与消费的矛盾是一切社会制度共有的现象，并进一步指出消费不足在资本主义条件下是相对意义上的消费不足，它是相对于生产的盲目地无限扩大、生产的无政府状态以及人民群众的无产阶级化而言的消费不足，因此，资本主义经济危机也被称作是"生产过剩的危机"。

（3）消费在社会再生产中的地位与作用

在马克思社会再生产理论中，消费问题被置于重要的地位。其主要的观点表现在：

第一，消费是社会再生产的重要组成部分，离开了消费，社会再生产便无法继续进行，而不论什么社会，生产过程必须是周而复始、连续不断的。

第二，在资本主义的社会再生产中，消费按两大部类划分为两种：一种是生产消费，一种是个人消费。在资本主义条件下，工人的个人消费包含着资本家对工人的剥削和压榨，其实质只不过是资本生产和再生产的一个要素。

第三，在消费和积累的关系上，资本主义的简单再生产实质上是以消费为目的的，但是，资本主义再生产的本质是扩大再生产，因此，在资本主义再生产积累与消费的关系中，是积累大于或者优于消费。

马克思主义消费经济理论把消费分为生产消费和个人消费两部分。马克思在批判地吸收古典经济学思想的基础上，科学地论述了在社会再生产过程中消费所处的地位及其与生产的关系。马克思的消费理论是建立于生产、交换、分配、消费相互作用、有机联系所构成的整体基础上的辩证、系统的消费观。生产、交换、分配、消费是同一系统内部相互关联、不可分割的重要因素，对生产的认识和把握，离不开对交换、分配、消费的认识和把握。马克思的消费理论对认识消费并形成科学的、理性的消费观，以及全面建设小康社会具有重要的借鉴与指导意义。

综上所述，西方经济学有关消费理论的研究从单因素到多因素、从静态到动态不断地深入和完善。在理论的发展过程中产生出的众多研究成果和不断发展、丰富的研究方法论，是现代消费经济问题分析的重要基础，对解决现代社会经济中的消费问题有许多有益的启迪。

1.2.3　国内关于农村消费品市场问题的研究

成思危（2001）对中国农村消费市场的地位与结构、农村消费市场需求、中国农民的消费行为及其消费结构进行了全面而深入的洞悉，提出了提高农民购买力的途径及开拓农村消费市场的思路和方法，是较具代表性的论述。张陆、薛梅（2003）提出，重庆市农村消费市场供给结构不合理，与农民实际需求脱节。消费市场上产品的外观包装没有根据农民的实际需求特点来设计。他们进一步提出在此基础上要加强市场调研，寻找农民消费热点，确定目标市场，科学进行产品定位，使产品的功能、质量、价格等能够适应重庆市农民需要。朱信凯、王红玲、吕亚荣（2004）构建了农村消费市场"金字塔模型"，提出该模型的建立应重视启动农村消费市场的时序设计，在短期内以技术层面的政策措施为主，从较长时期来看，应以技术层面与制度层面措施的相互协调应用为主。余蔚平（2006）认为，扩展农村消费市场应以增加农民收入和增加财政支出为出发点，从而加强农村基础设施建设、建立对农民收入的直接补贴制度、建立健全农村社会保障制度、加强农业保险制度的建立，加大对农村科学技术的支持力度。吴佩勋（2008）认为，发展农村经济的关键之一在于开发农村市场，需建立一个完善的流通体系。而目前各地区农村流通体系与现代化的流通方式之间存在较大差距，流通体系主体依然是传统的供销合作社。笔者提出在政府大力推动和电子商务的促进下，应建立农村连锁经营模式：打造商品销售渠道、农产品销售渠道、农村物流流通体系和建立资讯网点。陈华（2009）提出，激活农村消费市场是当前经济持续增长的关键。目前农村消费市场水平整体低下，城乡差距呈扩大趋势，消费结构不合理，恩格尔系数也偏高。作者认为要增强农民消费能力就应建立农民增收的长效机制，改善目前农村消费市场的软环境和硬环境，加大政策和金融支持，解决水、路、电、通信设施等存在的问题，增加农民对耐用消费品的需求。杨秀凌（2009）提出，农民的消费有很强的理性和分异性，农民的消费需求具有较强的未被满足性。企业应通过细致的市场耕作，培育和教育市场，以提高农民的购买认知、培养农民的购买感情和诱发农民的消费动机，进而引发农民的购买行为，并形成良性购买循环。李润亮（2010）认为，我国农村耐用消费品均遵循倒"U"的升级次序，生存性消费的比重逐步下降，发展性和享受性的比重逐步上升。在城乡居民间、不同地区农村居民之间以及不同收入层次居民间，耐用消费品的消费结构存在较大差异。提高收入是影响耐用消费品消费最直接的因素，我们应调整消费结构步伐，转变农村消费方式，净化农村消费环境。郭亚军（2010）认为，一方面，在我国经济转轨与转型时期，人们消费支出预期看涨与收入风险预期上升又使城镇居民消费支出明显减缓，储蓄倾向提高，农村居民的消费需求对农村消费品市场的支撑作用减缓。而另一方面，经过20世纪80年代的超常规增长和90年代的稳步发展，我国农村消费市场的消费情况有了根本性的改变，农户积累了一定消费能力，农民消费的特征是货币性消费支出明显提高，彩电、冰箱等耐用消费品开始进入农民家庭中。但是农村生活消费起点低，消费的可塑性空间仍然比较小。章晓英（2011）提出，农村城镇居民生活消费不对称并且收入差距在加大。中国城镇收入的绝对数相差较大，多年来又存在着持续扩大的差距趋势，收入差距及其扩大直接导致了城乡消费二元架构的加剧。一方面,城乡消费结构的层次差距拉大;另一方面,城乡居民消费阶段不同步,消费结构的差距拉大。在城镇,彩电、冰箱、洗衣机等耐用消费品已基本普及,正步入住房、小汽车、子女教育等消费升级阶段;而在农村,大件耐用消费品多年来未形成消费热点,其基本普及尚待消费的硬件环境优化。郭亚军(2012)认为,消费不仅仅是单纯地消耗社会财富的纯消费,而更重要的是通过消费资料的消费,特别是通过教育文化等方面的支出,生产出最宝贵的社会财富——人力资本。从宏观层面来看,农村居民的流动,能够解决各地区、各部门劳动力的余缺调剂,提高全社会劳动力资源的利用效率。从微观层面来看,农村居民的流动不仅仅能促使他们开阔视野,在产业转换中提高专业技能,增强自身的应变能力,而且能使他们接触新的思想和新的观念,改变思维方式,从而提高其捕获经济机会的能力。

国内学者大多主要研究中国农村消费现状,而对重庆市农村居民农村生活消费的研究甚少。研究者几乎都是从消费政策导向、农民消费行为等方面进行研究,而并未全方面、系统性地从农村居民消费率的变动情况入手,分析消费率的走势,剖析农村居民生活消费的现状、结构、规律及特点等,建立相关性回归模型,对收入与消费的相关性进行量化分析,最终提出拉动农村居民生活消费需求、促进消费升级的对策建议,使得其对重庆市乃至全国其他省市都具有参考价值。

1.3 研究内容与目标

1.3.1 研究内容

第一部分：导论。阐述选题的背景与意义、国内外研究综述与研究的思路、方法与目标。

第二部分：中国消费经济理论研究。针对我国消费问题进行研究，包括从空白阶段、活跃阶段、深入阶段到改革开放以后对中国消费经济理论进行的研究。

第三部分：重庆市居民消费率的变动分析。分析重庆市居民消费率的变动情况，从中找出消费率偏低的原因。

第四部分：重庆市农村居民生活消费市场研究。对重庆市农村居民总支出水平及结构进行分析，包括农村居民生活消费水平、生活消费结构及重庆市与西部地区、直辖市之间生活消费的横向比较、耐用消费品的结构比较，总结重庆市农村居民生活消费的结构特征。

第五部分：重庆市农村生活消费市场疲软的原因分析。在对目前重庆市农村生活消费市场中农民的食品消费、居住消费、耐用消费品的消费等不同消费类型的特征、趋势分析的基础上，从农民收入、生活消费基础设施、消费环境、流通体系和渠道、农村流动性约束等几方面，对重庆市农村居民生活消费市场的疲软原因进行剖析。

第六部分：重庆市农村居民收入与消费的相关性分析。分析重庆市农村居民收入与消费的相关性特征，并对此进行收入与消费的相关性量化分析，包括对消费倾向与消费结构进行分析，最终得到启示。

第七部分：重庆市农村居民收入与消费增长缓慢的机理透视。分析重庆市农村居民收入与消费增长缓慢的负效应，由此剖析制约重庆市农村居民收入增长和消费增长的因素。

第八部分：拓展重庆市农村居民生活消费市场的对策。主要从增加农民收入、扩大消费需求、改善农村生活消费市场环境、改善农村商品流通体系、化解流动性约束、建立农村社会保障等几个方面，提出拓展重庆市农村居民生活消费市场的对策建议。

1.3.2　研究方法与目标

本研究是在阅读大量与农村收入、消费有关的文献和资料的基础上进行的，一是综合采用理论分析和调查研究相结合的研究方法；二是采用定性描述和定量分析相结合的研究方法；三是采用实证研究和规范研究相结合的方法。包括：

（1）理论比较分析法

研究各种消费理论的基本内涵和适用条件，对照我国农村农民收入与消费情况，评述其在我国的适用程度和条件。

（2）指标对比分析法

通过实际调研数据和《中国统计年鉴》的指标数据，采用对比分析法、结构变动分析法、时间序列分析法等，对重庆市农村居民的食品消费、衣着消费、居住消费、用品及服务消费、交通和通信消费、医疗保健消费和耐用品消费等行为和支出结构进行对比分析，研究重庆市农村居民收入与消费的结构性差异及原因。

（3）定性与定量分析法

采用定性与定量相结合的方法，进行重庆市农村居民收入与消费的相关性分析。

本研究以消费经济理论、农村和农业经济学、农村消费理论和现代市场研究等为基础，分析重庆市农村居民生活消费市场的消费结构和水平，进而分析影响重庆市农村居民生活消费市场疲软的原因。最后提出拓展重庆市农村居民生活消费市场的对策建议。

2. 中国消费经济理论研究

2.1 中国消费问题研究历史回顾

新中国成立以来，我国对消费问题的研究大致经历了 3 个阶段，即空白阶段、活跃阶段和深入阶段。

2.1.1 空白阶段（1978 年以前）

在改革开放以前，中国无论是理论界还是在实践中，都普遍存在着"重生产、轻消费"的倾向，只强调生产决定消费，而关于消费对生产的反作用提得相当少。由于政府长期扭曲了社会再生产各个环节的相互关系，尤其是对生产和消费之间存在认识上的偏差，导致我国"重积累、轻消费"的倾向十分突出。各种价格和工资收入的几十年一贯制，导致农村居民生活水平增长十分缓慢，基本处于低收入、低物价、低消费的格局，极大地压抑了农村居民生产和消费的积极性。

2.1.2 活跃阶段（1978—1992年）

党的十一届三中全会中，我党"实事求是"的思想路线使广大理论工作者解放思想、正本清源，对社会主义生产的目的，生产和消费之间的辩证关系，以及社会主义条件下如何进行消费等问题进行了严肃、认真的讨论，明确了社会主义生产的目的就是不断满足人民群众日益增长的物质和文化的需要；明确了生产和消费是相互依存、相互促进的关系，生产是整个经济活动的起点，它决定着消费、而消费的增长又会产生新的社会需求，推动生产发展，即认为消费又决定生产；明确了在对待社会主义消费问题上，要防止两种错误倾向和认识。这两种错误倾向和认识一是在生产发展允许的限度内，不再去适当增加消费，而是一味地限制消费；二是不顾生产发展的可能，提出过高的消费要求。

2.1.3 深入阶段（1992年至今）

1992年党的十四大胜利召开，确立了在社会主义市场经济体制下的经济制度改革目标。特别是邓小平同志关于社会主义本质的精辟论断，使广大经济理论工作者能够积极地讨论和深入地研究社会主义市场经济条件下的消费问题。他们对消费体制、消费结构、消费层次以及物质消费、精神文化消费、保护消费者权益等问题各抒己见。发展社会主义市场经济，提高了消费在社会再生产过程中的地位，生产与消费相互依存、相互促进、相互制约的关系大大加强。市场经济越是发达，消费的主导作用越是明显。因此，广大理论工作者应不断转变观念，充分认识和重视消费在经济发展中的作用，使其成为市场的第一推动力。我国正处于工业化、城镇化、国际化加速的时代，市场潜力巨大，坚持以扩大内需为主是我们发展经济的长期指导方针。在当前投资持续高增长、投资相对偏热和消费需求相对不足的情况下，优化投资消费结构、刺激消费需求是保持经济快速健康发展的关键。为此，国家采取了积极的财政政策和稳定的货币政策以扩大内需，而最终结果是刺激了消费需求，发挥了积极的政策效果。这些政策的实行无疑与消费理论在我国的应用和发展是分不开的。

2.2 改革开放后中国消费经济理论研究

在30年改革开放的实践进程中，我国的消费经济理论研究不断纵向发展，并取得了突破性进展，为创造具有中国特色的消费经济理论奠定了基础。

2.2.1 关于消费与生产关系的研究

理论界对消费与生产关系的研究，基本上遵循着马克思主义经典作家的论述。在社会主义市场经济条件下，消费是社会生产总过程的一个重要环节，生产决定着消费，没有生产就没有消费，消费也反作用于生产。后者主要表现在：消费是劳动力再生产的一个条件，它本身就是生产活动的一个内在要素；消费使生产的

29

产品成为现实的产品，得到了社会的认定；消费也创造出新的需要，成为拉动生产的动力。因此，没有消费，也就没有生产。消费与生产的相互关系客观上具有比较固定的方面，但也有根据实际情况的变化而变化的方面。一是与生产力发展水平有关。在生产力发展水平较低的情况下，生产对消费的决定作用要大一些；在生产力发展水平较高的情况下，消费对生产所起到的作用要大一些。二是与产业结构和产品结构有关。在产业结构比较单调、消费品品种比较少的情况下，生产对消费的作用要大一些；相反，消费的作用要大一些。三是与社会资源配置方式有关。在对社会资源计划手段配置下，生产要优于消费；在对社会资源市场手段配置下，消费对于生产发展的作用更明显一些。

2.2.2　关于适度消费的研究

改革开放后，理论界针对过去长期的"高积累、低消费""先生产、后生活"等问题，展开了关于生产目的的大讨论，有力地推动了国民经济结构，尤其是消费与积累比例关系的大调整，但时间不长。进入 20 世纪 80 年代后期，理论界又从上到下大力批评消费膨胀，并将消费膨胀归于造成 90 年代严重通货膨胀的因素之一。1997 年亚洲金融危机爆发后，中国出口受阻，经济增长滞缓。为了扭转这种局面，从 1998 年起，理论界又提出启动内需、提倡投资、提倡消费的思想。在这样一个过程当中，理论界提出了适度消费思想，以防止和克服消费问题上的忽左忽右倾向的产生。倡导适度消费思想，建立适度消费制度，创建资源节约型社会。

这对于中国实现全面、协调、可持续发展具有十分重要的现实意义和历史意义。

2.2.3 关于消费质量的研究

改革开放 30 多年来，我国居民生活从温饱走向小康，生活水平不断提高，消费质量也有了明显的改观，由此，引起了近年来理论工作者对消费质量问题的讨论。理论界认为，必须从可持续发展的战略高度、从消费力与生产力良性循环的高度、从两个文明协调发展的高度以及从人的全面发展的高度来提高消费质量。尹世杰认为，不断提高消费质量，是全面建设小康社会的重要内容和标准；提高消费质量对构建社会主义和谐社会具有重要的作用。有学者认为，提高消费质量应构建"八大工程"：①优化消费结构，实现消费升级；②发展文化消费，全面提高国民素质；③发展服务消费，满足服务需求；④改善住房消费，营造美好栖息空间；⑤发展和完善信息消费，提高生活品质；⑥发展绿色消费，增进人身健康；⑦发展银色消费，使中老年人延年益寿；⑧建立现代、文明、健康、科学的消费方式。

2.2.4 关于消费模式的研究

消费模式是人们消费关系和行为规范的综合表现，是从总体上反映人们消费行为的主要内容、基本趋势和质的规定性，是指导人们进行消费活动并对人们的消费行为进行社会价值判断的理论概括和依据。张晓宏对我国传统消费模式的涵义、基本特征、弊端及根除对策做了较为详细的论述。他认为我国传统消费模式具有三个特征：一是崇俭去奢的传统消费观念；二是从众心理的传统消费观念；三是自给自足的传统消费观念。这三个传统消费模式特征具有如下弊端：①崇俭去奢导致过分节俭使经济增长乏力；②从众心理是经济的不稳定器；③自给自足的消费模式导致效率的损失。要根除这些弊端，一方面必须建立"以需为本"的科学消费的评判标准；另一方面应全力推行消费的社会化。

2.2.5 关于消费热点的研究

所谓消费热点是指消费需求或者购买力投放比较集中于某种或某类消费品（包括劳务），使人们对这种消费品或消费行为的追求出现一种热潮。当卖方市场转向买方市场，短缺经济转向过剩经济时，投资者找不到投资方向，消费者找不到消费热点，于是理论界开始研究投资和消费的热点问题。理论界认为，将来我国消费热点主要在以下几个方面：住房消费、汽车消费、旅游消费、教育消费、信息消费和农村消费等，但目前多数还没有成为消费热点。田辉分析了我国近期的消费热点并研究了如何使消费热点成为新的经济增长点。杨圣明认为，热点是主要矛盾和矛盾的主要方面，哪个矛盾何时成为主要矛盾，哪个方面何时成为矛盾的主要方面，不是自封的，必须依据条件的变化而定。

2.2.6 关于消费水平和消费结构的研究

近年来我国学术界对城乡居民消费水平和消费结构研究得比较多，概括起来主要有两个方面：

（1）对居民消费率偏低的研究

范建平等认为，中国居民消费率偏低的主要原因包括城乡居民消费结构和升级受阻、城乡居民收入不合理差距扩大、城乡人口二元社会结构、居民消费倾向下降等原因。

（2）对居民消费结构的研究

我国学术界主要是利用线性支出系统（Linear Expenditure System，LES）和扩展线性支出系统（Extend Linear Expenditure System，ELES）研究居民消费结构的变化及其变化对产业结构变动的影响。卢家瑞等从中国农民消费结构的演变与比较研究、中国农民消费结构的影响因素、中国农民消费结构的现状及评价、中国农民消费结构与刺激消费结构优化对策等方面，对中国农民消费结构进行了深入的研究。

2.2.7 关于启动消费的研究

自 1997 年亚洲金融危机以后，我国国内消费需求不足状况越来越明显，学术界因此展开了启动消费的研究，主要集中于以下三个方面：

（1）启动消费的必要性与意义

主要观点：第一，加强消费启动，直接体现发展经济的根本目的；第二，加强消费启动，有利于协调生产与消费的关系，相互促进，形成良性循环；第三，消费启动，有利于吸纳劳动力，缓解就业压力。

（2）内需不足的成因

主要观点：消费体制改革滞后；信贷消费欠发达；居民收入预期降低，收入差距过大，农村市场开拓不够；社会保障制度不完善；产业、产品供需结构不合理；传统消费观念根深蒂固，难以适应新形势的需要；新的消费热点未完全形成。

（3）启动消费需求的途径

主要观点：①提高农村居民收入，以此推动农民消费，提高农村居民消费层次的档次；②扩充农村居民的消费渠道，推动农村居民消费良性发展；③改善农村区域经济发展，使农村居民消费稳步提升。

3. 重庆市居民消费率的
变动分析

3.1　重庆市消费的发展历程

1978 年我们党召开了具有重大历史意义的十一届三中全会，开启了改革开放的历史新时期。通过改革开放，我们实现了从高度集中的计划经济体制到充满活力的社会主义市场经济体制、从封闭半封闭到全方位开放的伟大历史转折，极大地推动了社会生产力的发展和综合国力的跃进。

在改革开放的大潮中，重庆市经历了由省辖市、计划单列市到直辖市的转变，经济实力快速增强。1978 年全市地区生产总值（Gross Domestic Product，GDP）为 71.70 亿元，到 2011 年达到10 011.37 亿元，增长了 139.63 倍。经济实力的增强，带来了居民生活水平的提高，家庭财产由无到有，由少到多，跨越了温饱、小康两个生活阶段，逐步向富裕迈进。

3.1.1 居民消费随经济发展呈现出三个阶段

改革开放 30 年是我国经济体制改革在摸索中不断前进、不断完善的 30 年。我国经济发展呈现出三个阶段，一是 1978—1992 年经济体制改革探索阶段：1978 年我国开始对计划经济体制进行改革；1979 年农村推广家庭联产承包责任制；1984 年我国做出了经济体制改革的决定。二是 1992—2001 年中国市场经济体制创立阶段：1992 年我国确立社会主义市场经济目标，形成了总体开放格局；1996—2000 年宏观调控使经济软着陆；2001 年跨入世贸组织大门。三是 2001 年至今入市以来中国经济的腾飞。

30 年间重庆市农村居民消费随着经济发展迅速提高。2011 年，重庆市农村居民生活消费支出为 4502.06 亿元，是 1998 年 1343.35 亿元的 3.35 倍，年均增长 9.02%。居民消费随着经济发展的变革，也呈现出时间大致匹配的三个阶段。第一个阶段是 1978—1992 年居民消费支出缓慢增长阶段：15 年的时间里居民消费支出提高了 202.64 亿元；第二个阶段是 1992—2001 年居民消费支出绝对额增长加快，但增速出现了大起大落的阶段：9 年时间里居民消费支出提高了 592.57 亿元，但 1994—1998 年居民消费呈现出大起大落的态势，其中 1995 年的增速比 1994 年猛涨 16.4 个百分点，1996 年比 1995 年小幅下降，1997 年增速比 1996 年狂跌 9.7 个百分点。第三个阶段是 2001—2011 年居民消费支出迅猛增长，增速呈平稳上升阶段：6 年时间里居民消费支出提高了 1006.50 亿元；增速呈现出逐年上升的态势，6 年的年均增速为

10.3％，高于 30 年年均增速 1.5 个百分点。

改革开放 30 年间，重庆市城乡居民消费总量之比发生了明显变化。1978 年农村居民消费总量是城镇居民消费总量的 1.5 倍，到 1992 年城镇居民消费总量首次超过农村居民消费总量；随后城乡居民消费总量的差距逐年拉大，到 2011 年城镇居民消费总量达到 14 974.49 亿元，是农村居民消费总量的 3.32 倍。

3.1.2 从城乡居民消费支出的变化看经济社会发生的两个重要变迁

3.1.2.1 城乡居民消费水平差距拉大

2011 年，重庆市城镇居民人均消费水平 14 974.49 元，农村居民人均消费水平仅 3734.59 元。2000 年城镇居民人均消费水平只比农村居民高出 1090 元，到 2011 年这一差距扩大到 11 239.9 元。

1992 年以后，重庆市城乡居民人均消费水平之间的差距扩张速度明显加快。1978—1992 年，农村居民人均消费水平年增长速度为 9.40％，比城市居民高出了 6.4 个百分点。15 年间有 10 年农村居民人均消费水平增速快于城市居民。这与该时期农村实行家庭联产承包责任制等一系列农村经济体制改革有关，这些改革增强了农村生产的积极性，提高了农民收入；而城镇增速较慢与计划经济束缚生产力发展、国有企业改制面临重重困难等因素有着密切的联系。

1992 年开始的社会主义市场经济体制改革，特别是 1994 年开始的财政体制、金融体制、外汇管理体制改革和国企改革，1997年"公有制为主体、多种所有制经济共同发展"的基本经济制度的确立，进一步激发了市场经济主体的积极性，增强了我国的经济实力，提高了人民，特别是城镇居民的生活水平。而这一时期，我国农村经济体制改革相对滞后，城乡居民收入水平和消费水平的差距迅速扩大。

3.1.2.2 农村人口向城镇的转移

随着户籍制度改革和经济快速发展，大量农村人口开始向经济更为发达的城镇转移，重庆市城镇化率（城市化水平）不断提高。2011 年达到 55.02%，比 2004 年提高了 11.52 的百分点。2011 年全市城镇人口为 1605.96 万人，比 2000 年增加了 945.07 万人；全市农村人口为 1313.04 万人，比 2000 年减少了 1117.16 万人。城镇化率对居民消费的增长具有正向的、显著的、较长时期的影响。城镇化率的提高促进了居民消费的增长。一方面，城市化能提高居民收入水平，逐步改变城乡二元经济结构，促进非农业产业发展。特别是城市的专业化分工和市场竞争不仅增加了居民就业和获取收入的机会，而且增加了收入的稳定性和持续性。另一方面，城市化能提高消费集聚程度。城市化所产生的一个显著效应就是生产与消费的高度集聚。经济要素在空间上的集聚，可以分摊基础设施、公共服务等消费条件和环境的成本，可以提供更多更完善的消费工具和消费制度，从而提高消费效率。

3.2 重庆市农村居民消费率的变动分析

按照支出法计算的 GDP 由最终消费支出、资本形成总额、货物和服务净流出等三部分构成，最终消费支出又可以分为居民消费支出和政府消费支出。资本形成总额占地区生产总值的比重称为投资率，最终消费支出占地区生产总值的比重称为最终消费率（简称消费率），居民消费支出占地区生产总值的比重称为居民消费率。

3.2.1 重庆市最终消费率的变动分析

3.2.1.1 重庆市最终消费率偏低且呈现下降趋势

根据钱纳里的《工业化与经济增长研究》，在工业化进程的中期，人均国民收入达到 1000 美元时，最终消费率要达到 76.5％。并且，根据世界银行《1990—1996 年世界银行发展报告》，1965—1994 年，不论是高收入国家、中等收入国家还是低收入国家，绝大多数国家的最终消费率在经济发展过程中一般没有降至 70％以下。素来以高储蓄闻名的东亚国家最终消费率最低时也在 65％以上。经济起飞期间主要依靠国内储蓄、对外融资较少的韩国，在 1965—1981 年经济高速成长期间，消费率最低时也保持在 62％以上。而重庆市最终消费率在 2003—2011 年平均为 53.40％，高于

39

全国和其他直辖市水平，但是与钱纳里的标准模式和国际水平相比明显偏低，由此也说明我国总体消费率明显偏低。重庆市最终消费率不仅偏低，而且呈下降趋势。由表3-1可见，最终消费率从2003年的59.82％下降到2011年的46.36％，共下降了13.46％。

表3-1　重庆市GDP、最终消费、居民消费基本情况　　单位：亿元

年份	GDP（支出法）	最终消费	居民消费	最终消费率％	居民消费率％	政府消费率	城镇居民消费率％	农村居民消费率％
2003	2327.08	1392.13	1004.38	59.82	43.16	16.66	26.78	16.38
2004	2773.58	1572.83	1162.62	56.71	41.92	14.79	30.79	11.13
2005	3149.10	1803.43	1336.96	57.27	42.46	14.81	31.34	11.12
2006	3566.78	2046.98	1518.47	57.39	42.57	14.82	32.63	9.94
2007	4303.84	2460.49	1840.40	57.17	42.76	14.41	33.22	9.54
2008	5793.66	2842.17	2115.09	49.06	36.65	12.55	29.23	7.27
2009	6530.01	3184.33	2367.09	48.76	36.25	12.52	29.50	6.75
2010	7925.58	3811.85	2792.34	48.10	35.23	12.86	28.92	6.31
2011	10 011.37	4641.64	3433.33	46.36	34.29	12.07	28.14	6.15

数据来源：《重庆统计年鉴1998—2012年》。

3.2.1.2　居民消费率快速下降是导致最终消费率下降的主要原因

最终消费是由居民消费和政府消费组成的。由表3-1可见，重庆市居民消费率从2003年的43.16％下降到2011年的

34.29％，下降了 8.87％，年平均减少了 0.98 个百分点，比最终消费率的下降幅度大；而政府消费率的变动方向也一样，从 2003 年的 16.66％下降到 2011 年的 12.07％。因此，重庆市最终消费率下降的根本原因是居民消费率的下降速度太快，同时，政府消费率也有一定幅度的下降。因为居民消费是最终消费的主体，而政府消费所占的比重很小，所以导致最终消费率下降（见表 3-2）。

表 3-2　　　　　重庆市最终消费的构成情况

年份	最终消费（亿元）	居民消费		政府消费	
		绝对值（亿元）	比重（%）	绝对值（亿元）	比重（%）
2000	994.39	760.02	76.43	234.37	23.57
2001	1078.06	817.56	75.84	260.50	24.16
2002	1228.89	880.86	71.68	348.03	28.32
2003	1392.13	1004.38	72.15	387.75	27.85
2004	1572.83	1162.62	73.92	410.21	26.08
2005	1803.43	1336.96	74.13	466.47	25.87
2006	2046.98	1518.47	74.18	528.51	25.82
2007	2460.49	1840.40	74.80	620.09	25.20
2008	2842.17	2115.09	74.42	727.08	25.58
2009	3184.33	2367.09	74.34	817.24	25.66
2010	3811.85	2792.34	73.25	1019.51	26.75
2011	4641.64	3433.33	73.97	1208.31	26.03

数据来源：《重庆统计年鉴 1998—2012》。

　　根据著名的发展经济学家钱纳里的"标准结构"，当人均国民收入达到 1000 美元的时候，居民消费率在 62％左右比较合适，重庆市 2011 年起人均 GDP 已达到 5373 美元，远远超过 1000 美元，而居民消费率却徘徊在 34.29％，与"标准结构"相差甚远。因此，可以断定重庆市消费率偏低和下降主要是由于居民消费率偏低造成的。

3.2.2　重庆市居民消费率的变动分析

　　重庆市居民消费率 2003 年为 43.16％，此后开始下降，而且一直没有止住下滑势头，第二年继续下降，直到 2011 年的最低值为 34.29％，总共下降了 8.8％。综合起来，重庆市居民消费率基本处于下降状态，设立直辖市至今总共下降了 15.37％。在居民消费率的下降过程中，农村居民消费率扮演了一个重要的角色。由表 3-1 和图 3-1 可见，城镇居民消费率处于增长—减少—增长的状态，从 2003 年的 26.78％缓慢上升到 2007 年的 33.22％，再下降到 2011 年的 28.14％；相反，农村居民消费率持续下降，从 2003 年的 16.38％快速下降到 2011 年的 6.15％，总共下降了 10.23％。由于农村人口在整个人口中占相当大的比重，所以农村居民消费率快速下降就抵消了城镇居民消费率的上升，从而导致整个居民消费率的下降。

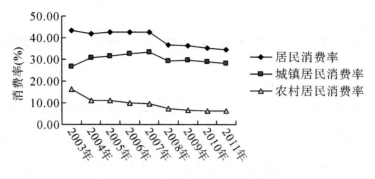

图 3-1　重庆市居民消费率变动图

3.3　农村居民消费率偏低的原因分析

居民消费率是宏观经济总量指标，它的变化是由千家万户的微观消费活动所决定的。现在我们开始将宏观居民消费率与微观家庭的居民消费行为结合起来进行实证分析，探索居民消费率偏低的主要原因。

我国居民消费率不仅低于世界平均水平，甚至低于同样具有节俭文化传统的东亚、东南亚国家，因此不能简单地用节俭的文化传统来解释，必然存在某种与东亚、东南亚国家完全不同的因素影响着我国的居民消费率。前面已经谈到，居民消费率下降的主要原因是农村居民消费率的急剧下降，那么造成农村居民消费率下降的原因是什么呢？这就与农村消费领域所存在的诸多问题有关。分析所有可能的原因，最重要的一点是：农村居民收入太低。我国特有的人口流动管制，城乡二元社会结构所造成的城乡居民收入差距持续扩大是我国居民消费率偏低的首要原因。

43

3.3.1 城乡居民收入差距扩大对农村居民消费率 的影响

改革开放以来，重庆市城乡居民的收入水平不断提高，生活水平得到进一步改善。从 2001 年至 2011 年，城镇人均可支配收入从 6572.30 元增加到 21 954.97 元，平均增长速度为 11.59%。同期，农村人均纯收入从 1971.18 元增加到 6480.41 元，平均增长速度为 11.42%。在城乡居民收入不断提高的过程中，我们发现，不管哪一个阶段，城镇居民的收入增长速度总是高于农村居民，而且还存在不断扩大的趋势。从收入差距来看，城乡居民的收入差距绝对值在 2001 年、2005 年和 2011 年分别为 6572.30 元、10 243.99 元和 21 954.97 元，城乡收入比从 2001 年的 3.33 上升到 2011 年的 3.38。因此，无论从发展水平还是从发展速度来看，城乡居民的收入差距都呈现出越来越大的趋势。

随着收入差距的逐步扩大，"两极化"特点越来越明显，富人越来越富、贫困者越来越贫困。高收入层所需消费品已基本备齐，大量的收入被累积起来存入银行，边际消费倾向减少；中低收入层对未来收入预期不高，对现有消费力求节约，一有余力便存入银行，以备后用。直接导致居民消费倾向下降，居民消费率降低。这个结论不管是对于重庆还是全国，都是一样的。

根据图 3-2，比较重庆市居民消费率和城乡居民收入、消费水平的差距数据，可以发现，居民消费率与城乡居民收入比和消费比都是高度负相关的。改革开放以来，城乡居民的收入差距和消费差距的变化轨迹是先缩小后扩大，居民消费率则先上升后下降，2006 年的城乡收入比达到 4.02，为历史最大值，2011 年居民消费率也跌到最低点，仅为 3.23。城乡消费差距一直大于收入差距，并且也是逐年扩大，但在 2007 年至 2011 年，城乡消费比基本稳定在 4.00 左右。因此城乡居民收入差距的急剧扩大而导致消费差距再度扩大是我国居民消费率下降过快和严重偏低的原因。

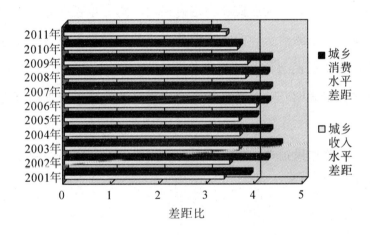

图 3-2　重庆市城乡居民收入差距与消费差距比较

3.3.2　居民消费倾向下降对居民消费率的影响

消费是收入的函数，居民消费率下降，一种可能是居民收入增长过慢，另一种可能是居民收入中消费与储蓄比例失衡。本书上一部分分析的是城乡收入分配失衡，及农民收入增长过慢，农民对消费品"想买无钱买"的问题。这一部分要以城镇居民"有钱

45

也不买"的问题为切入点，研究城镇居民消费倾向下降的原因。

3.3.2.1　重庆市居民消费倾向的变动分析

居民消费倾向是指收入中用于消费支出的比率，反映居民消费支出和收入水平变动关系。消费倾向可以分为平均消费倾向（Average Propensity to Consume，APC）和边际消费倾向（Marginal Propensity of Consume，MPC）。平均消费倾向是居民总消费支出和总收入的比率，反映居民在一定时期内平均每单位收入中用于消费的部分；边际消费倾向是指消费支出的变动量和收入变动量的比率，反映居民每增加一个单位收入时，消费将平均增加多少，从而进一步说明，随着居民收入的增加，消费支出增加的程度和趋势。

令 C 为居民消费支出，Y 为居民收入，消费倾向的数学表达公式为：

APC＝C/Y

MPC＝△C/△Y

也可以用消费函数模型计算边际消费倾向：C＝a＋by

其中，b 为边际消费倾向。

从表 3－3 和图 3－3、图 3－4 可见，2000—2011 年城镇居民的平均消费倾向在波动中缓慢下降，2011 年降到最低点，仅为 0.739；从总体上来看，农村居民的平均消费倾向低于城镇居民，波动也比较大，但从 2004 年起有上升的趋势，边际消费倾向也有相同的情况。由于这里的边际消费倾向是用相邻两年的数据来算的，所以波动比较大。从图示结果中可见，虽然农村居民的边际消费倾向波动较城镇居民大，但在2000年以后呈现出上升趋势，而城镇居民的边际消费倾向与其平均消费倾向一样呈现出持续缓慢下降的趋势。城镇居民消费倾向的持续下降，就意味着储蓄倾向的上升。城镇居民消费的增长落后于收入的增长，储蓄比例越来越大，将直接导致居民消费率的降低，也就是城镇居民"有钱也不买"的问题。

表 3-3　　　　　　　重庆市居民消费倾向变动情况

年份	城镇居民平均每人可支配收入（元）	城镇居民平均每人消费性支出（元）	平均消费倾向	边际消费倾向	农村居民平均每人纯收入（元）	农村居民平均每人生活消费支出（元）	平均消费倾向	边际消费倾向
2000	6176.30	5471.70	0.886	0.273	1892.44	1395.53	0.737	0.121
2001	6572.30	5724.90	0.871	0.639	1971.18	1475.16	0.748	1.011
2002	7238.07	6360.20	0.879	0.954	2097.58	1497.72	0.714	0.178
2003	8093.67	7118.06	0.879	0.886	2214.55	1583.31	0.715	0.732
2004	9220.96	7973.05	0.865	0.758	2510.41	1853.94	0.739	0.915
2005	10243.99	8623.29	0.841	0.636	2809.32	2142.12	0.763	0.964
2006	11569.74	9398.69	0.812	0.585	2873.83	2205.21	0.768	0.978
2007	13715.25	10876.12	0.793	0.689	3509.29	2526.70	0.720	0.506
2008	14367.35	11146.80	0.776	0.415	4126.21	2884.92	0.699	0.581
2009	15748.67	12144.06	0.771	0.722	4478.35	3142.14	0.702	0.730
2010	17532.43	13335.02	0.761	0.668	5276.66	3624.62	0.687	0.604
2011	20249.70	14974.49	0.739	0.603	6480.41	4502.06	0.695	0.730

数据来源：《重庆统计年鉴 1998—2012》。

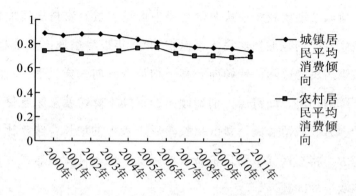

图 3—3　居民平均消费倾向变动图

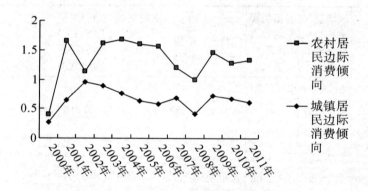

图 3—4　居民边际消费倾向变动图

3.3.2.2　城镇居民消费倾向下降的原因分析

导致城镇居民消费倾向的波动和下降的原因是多方面的，主要可以归纳为以下几点：

（1）对通货膨胀现象由不适应到适应

改革开放以前，重庆市长期保持价格稳定和低工资制度。通过主动调整价格结构，致使短缺经济时代的隐性通货膨胀显性化，为了弥补通货膨胀因素，对城镇居民发放价格补贴和提高工资水平，使城镇居民收入由长期冻结到快速增加。居民对通货膨胀现象不适应，当由价格因素提高的收入到手后马上到市场抢购，1985 年和 1988 年两次较高的通货膨胀引起市场抢购风潮。居民从实践中得出抢购商品获得的利益小于保值储蓄获得的利益这一共同经验，逐渐成为在通货膨胀条件下理性决策的消费者。随着商品短缺现象的缓解和居民对通货膨胀现象的适应，1993—1995 年再次出现高通货膨胀现象时，市场抢购现象消失。因弥补通货膨胀因素而增加的收入转化为消费的部分减少，转化为储蓄的部分增多。

（2）高收入幻觉到收入不稳定预期

20 世纪 80 年代以前，城镇企业长期实行低工资制度。20 世纪 80 年代开始对企业实行的"放权让利"式的经营管理体制改革，将企业利润的一部分留给企业以增强技术改造能力，但实际上"企业留利"的大部分转入职工个人手中，因此出现了国有企业 20 世纪 80 年代严重的收入超分配现象，国有企业职工收入增长速度大大超过劳动生产率增长速度，预算软约束使国有企业存在所谓的"吃完增量吃存量，吃完企业吃银行"的收入分配混乱局面。城镇居民在长期低工资解冻后突然收入高增长，因此产生了高收入幻觉消费，对收入的乐观预期使消费倾向居高不下。但是，随着企业体制改革的深化，预算软约束逐步"硬化"，买方市场逐步形成，企业效益出现分化，国有企业破产和职工下岗现象出现，一系列的变革使城镇职工高收入幻觉逐步破灭，高收入幻觉消费消失。

市场竞争的压力使在岗职工和下岗职工出现收入不稳定的预期，导致储蓄倾向上升。

（3）持久收入增长慢而一时收入变化大

随着居民对通货膨胀和收入增长速度突变的适应，居民消费心理趋于成熟。根据持久收入消费理论，居民收入分为一时收入和持久收入，居民消费分为一时消费和持久消费。一时收入是指偶然性收入，持久收入是指消费和可以预料到的长期性收入。一时消费是指非经常性消费支出，持久消费是指正常的、计划中的消费支出。长期以来，体制内基本工资增长并不快，而体制外的收入增长很快，但不稳定。比如企业留利、单位创收，有一技之长的人单位外收入，有一定权利的人的合法与不合法收入等。正是由于持久收入增长慢而一时收入变化大的特点，多数消费者持久消费（正常的、计划中的消费支出）增长只能根据持久收入增长来决定，而将一时收入多数储蓄起来，或者是因收入来源问题怕露富而不敢消费，因此储蓄倾向更高。

（4）经济体制急速改革改变了支出预期

改革以前我国存在的是低工资、高福利、铁饭碗的单位保障制度、住房、医疗、养老、子女教育费用等由国家或者单位统统承包，根本没有失业之忧。改革初期，我国城镇企业职工收入快速增长，但高福利、铁饭碗的制度不变，即收入预期乐观而支出预期不变。随着住房、医疗、养老、子女教育、就业等各方面体制改革的深化，20世纪90年代以来城镇居民实际消费支出负担结构发生了实实在在的变化：取消住房实物福利式分配，实行住房公积金制度，个人负担工资总额的 6%；基本医疗保险个人负担 2%，部分医药费用个人负担 10%；基本养老保险个人负担 8%；事业保险个人负担 1%；子女教育费用绝大多数由家庭负担，而住宅价格、医疗费价格、教育费用上涨速度之快，超过多数家庭收入增长速度。目前我国经济转轨时期的各种体制变化使人们的支出预期发生了变化，风险支出预期上涨，防范风险的储蓄倾向随之上升，即期消费减少。

3.3.3 投资率偏高导致居民消费率难以上升

按照支出法计算的 GDP 由最终消费支出、资本形成总额、货物和服务净流出等三部分构成，其中最终消费支出和资本形成总额是构成 GDP 的主体，资本形成总额占 GDP 的比重称为投资率，最终消费支出占 GDP 的比重称为消费率。显而易见，在相同的 GDP 下，如果投资率增高，必定会引起消费率下降，投资和消费在国民收入分配中是一对矛盾主体。事实上，投资率偏高、消费率偏低一直是我国经济结构存在的主要问题之一，长期困扰着我国经济发展。合理调整投资与消费的关系，是我国宏观调控的重要方面。下面来分析重庆市的投资率与消费率的变动关系。

从绝对数来看，重庆市的最终消费和资本形成总额都在快速增长，但资本形成总额的增长速度远远大于最终消费的增长速度。重庆市资本形成总额从 2000 年的 690.58 亿元增长到 2011 年的 5757.51 亿元，总共增加了 8.33 倍，年平均增加 21.26%，而最终消费只增加了 4.67 倍，年平均增长速度为 12.99%，比资本形成总额的平均增长速度低了近 7 个百分点（见图 3-5）。由于绝对数增长的较大差异，造成投资率和消费率的变动出现截然不同的两种结果，投资率从 2000 年的 43.23％快速上升到 2011 年的 57.51％。相反，消费率从 2000 年的 62.25％一路下滑到 2011 年的 46.36％（见图 3-6）。

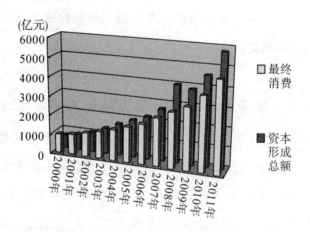

图 3-5 2000—2011 年重庆市资本形成总额与最终消费变动情况

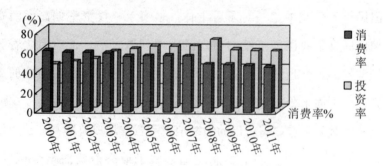

图 3-6 2000—2011 年重庆市投资率与消费率变动情况

重庆自直辖以来，得到了国家各方面的大力支持，西部大开发、统筹城乡、长江上游经济中心等发展优势条件，让重庆成为一块大家争相投资的热土。在这样的条件下，重庆市的投资率偏高也是合理的，但我们也应看到它可能带来的负面效应。投资率和消费率快速增加，国民收入账户进账增加，国民经济增长加快。但是，投资增长过快，会引起经济"虚热"。投资的目的在于扩大消费，缺乏消费拉动的投资，便成为无源之水，也失去了投资的意义和目的。从经济上看，没有消费支持的投资，注定将成为无效的投资，并因此遭受重大的经济损失。从长远来看，投资和消费的比例失当会造成有效需求不足，特别是消费的有效需求不足，不利于宏观经济持续、稳定、快速增长。投资率长期保持较高的增长，加上投资结构的不合理，还会导致其他结构性问题的产生和恶化。

因此，虽然近几年重庆乃至全国的投资率居高不下，消费率却呈现出逐年下降的态势。从长远来看，重庆市经济应该靠消费去推动，在制定宏观经济政策时应该向消费倾斜，有效运用投资，扩大消费需求，从而使经济走上持续、良性的发展道路。

4. 重庆市农村居民生活消费市场研究

4.1 重庆市农村居民总支出水平及其结构分析

重庆市自1997年直辖以来，农村居民生活消费支出比重呈逐年上升趋势（见表4-1）。这主要体现在重庆市农村居民人均年总支出由1997年的2272.66元增长到2011年的7035.79元，年平均增长7.82%；而农村居民人均生活消费支出由1997年的1389.99元，增长到2011年的4502.06元，年平均增长率为8.15%。因此，人均生活消费支出增长速度快于人均全年总支出的增长速度；同时，生活消费支出占全年总支出比重由1997年的61.16%变为2011年的63.99%，15年来生活消费支出比重提升了2.83个百分点。这充分说明了重庆市农村居民生活消费支出占全年支出的比重越来越大，处于越来越重要的地位。

表 4—1　　　　　重庆市农村居民人均支出及结构　　　单位：元

年份	全年总支出	生活消费支出及占比	家庭经营费用支出及占比	转移性支出及占比	税费支出及占比	生产性固定资产支出及占比	财产性支出及占比
1997	2272.66	1389.99 (61.16%)	675.98 (29.74%)	108.81 (4.79%)	58.22 (2.56%)	30.23 (1.33%)	9.43 (0.41%)
1998	2212.38	1417.08 (64.05%)	581.69 (26.29%)	117.8 (5.32%)	62.05 (2.80%)	20.24 (0.91%)	13.52 (0.61%)
1999	2109.85	1388.64 (65.82%)	515.02 (24.41%)	124.77 (5.91%)	58.45 (2.77%)	12.95 (0.61%)	10.02 (0.47%)
2000	2165.6	1395.53 (64.44%)	543.49 (25.1%)	127.04 (5.87%)	58.03 (2.68%)	34.2 (1.58%)	7.31 (0.34%)
2001	2250.39	1475.16 (65.55%)	552.40 (24.55%)	139.97 (6.23%)	57.96 (2.58%)	16.89 (0.75%)	8.01 (0.36%)
2002	2282.28	1497.72 (65.62%)	561.28 (24.59%)	150.64 (6.60%)	43.44 (1.90%)	23.6 (1.03%)	5.6 (0.25%)
2003	2333.87	1583.31 (67.84%)	550.56 (23.59%)	134.77 (5.77%)	39.48 (1.69%)	19.02 (0.82%)	6.73 (0.29%)
2004	2773.43	1853.94 (66.85%)	696.42 (25.11%)	157.59 (5.68%)	28.69 (1.03%)	33.26 (1.20%)	3.53 (0.13%)
2005	3273.44	2142.12 (65.44%)	838.96 (25.63%)	213.31 (6.52%)	5.28 (0.16%)	71.54 (2.19%)	2.23 (0.07%)
2006	3293.95	2205.21 (66.95%)	791.06 (24.02%)	226.72 (6.88%)	7.16 (0.22%)	62.15 (1.89%)	1.66 (0.05%)
2007	3756.05	2526.70 (67.27%)	846.33 (22.53%)	286.92 (7.64%)	7.27 (0.19%)	86.86 (2.31%)	1.98 (0.05%)
2008	4422.08	2884.92 (65.24%)	812.14 (18.37%)	340.35 (7.70%)	5.21 (0.12%)	47.8 (1.08%)	1.86 (0.04%)
2009	4753.32	3142.14 (66.10%)	779.36 (16.40%)	418.08 (8.80%)	5.0 (0.11%)	79.26 (1.67%)	2.27 (0.05%)
2010	5495.62	3624.62 (65.65%)	1217.85 (22.16%)	564.37 (10.27%)	2.77 (0.05%)	73.68 (1.34%)	0.68 (0.01%)
2011	7035.79	4502.06 (63.99%)	1571.89 (22.34%)	873.69 (12.42%)	7.49 (0.11%)	74.75 (1.06%)	1.69 (0.00%)

数据来源：《重庆统计年鉴1998—2012年》。

由此可见，在重庆农村居民各项消费支出中，生活消费支出是主导。同时，由于生活消费支出的快速增长提高了农村居民的生活质量与消费水平。从人均总支出的水平及结构来分析，人均生活消费支出比重的提高，主要是由于其他支出水平的相对减少造成的，其中，2011 年与 1997 年相比，家庭经营费用支出、税费支出占总支出的比重分别降低了 7.40 个百分点和 2.45 个百分点。

4.2 重庆市农村居民收入水平分析

收入是消费的基础，是影响消费最重要的因素，越来越大的收入差距是导致农村居民消费差距扩大的直接原因，2011 年农村居民家庭人均纯收入为 6480.41 元，同期城镇居民家庭人均可支配收入为 21 794.27 元，相差 15 493.86 元，这样大的收入差距水平决定了农民消费结构和消费水平的分化（见表 4—2）。

表 4—2　　重庆市农村居民与城镇居民收入数据及收入比　　单位：元

年份	农村居民家庭人均纯收入	城镇居民家庭人均可支配收入	城乡收入差距绝对值	城乡收入比（%）
1997	1692.36	5302.05	3609.69	3.13
1998	1801.17	5442.84	3641.67	3.02
1999	1835.54	5828.43	3992.89	3.18
2000	1892.44	6176.30	4283.86	3.26
2001	1971.18	6572.30	4601.12	3.33
2002	2097.58	7238.07	5140.49	3.45
2003	2214.55	8093.67	5879.12	3.65

表4-2(续)

年份	农村居民家庭人均纯收入	城镇居民家庭人均可支配收入	城乡收入差距绝对值	城乡收入比（%）
2004	2510.41	9220.96	6710.55	3.67
2005	2809.32	10 243.99	7434.67	3.65
2006	2873.83	11 569.74	8695.91	4.03
2007	3509.29	13 715.25	10 205.96	3.91
2008	4126.21	14 367.55	10 241.34	3.48
2009	4478.35	15 748.67	11 270.32	3.52
2010	5276.66	18 990.54	13 713.88	3.60
2011	6480.41	21 794.27	15 493.86	3.36

数据来源：《重庆统计年鉴1998—2012年》。

4.2.1 纵向比较

将2011年重庆市农村居民家庭人均纯收入由低到高排列（见图4-1），分为低收入户、中等偏下户、中等收入户、中等偏上户和高收入户。而整体人均纯收入值为6480.41元，低收入户人均纯收入为2846.04元，高收入户人均纯收入为13 117.82元。高收入户是低收入户的4.61倍，说明低收入户群体所占的比重较大。农村居民整体平均收入水平虽然得到提高，但60%的农村居民的收入水平还很低，达不到平均水平。只有确保了农村居民收入水平的提高，才能确保农村居民消费水平的稳步提高。

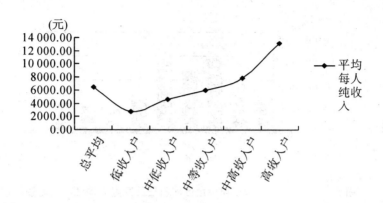

图 4-1 **2011年重庆市农村居民家庭人均纯收入分组比较**

4.2.2 横向比较

世界银行认为，农村居民收入应该为城市居民收入的66%或更多一些较为合适，也就是说城乡收入比不应超过1.52，重庆市2011年城乡收入比接近3.4。我们通过对比全国及典型地区农村家庭人均纯收入情况来进行横向分析。

重庆市的农村居民家庭人均纯收入远远低于其他直辖市和全国平均水平（见图4-2）。以2011年为例，重庆市农村居民家庭人均可支配收入是6480.41元，远远低于北京的14735.68元，略高于四川省的6128.55元，低于全国水平6977.29元。通过以上数据进行横向比较，我们发现西部地区农村家庭人均纯收入水平远远低于东部和中部地区，这三个地区的收入总量差距还在扩大，为了缩小这个收入差距，对于西部地区的农民在提高收入和财政支持方面还需要政府大力支持。

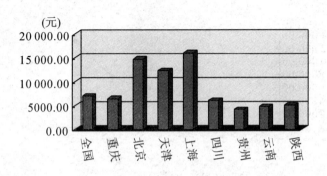

图 4-2   2011 年全国及典型地区农村居民家庭人均纯收入比较

4.3   重庆市农村居民生活消费水平及消费结构分析

这里所指的消费水平是人均生活消费支出水平，表 4-3 列出了重庆市农村居民自 1997 年以来的人均消费支出水平及消费结构的数据。

表 4-3   重庆市农村居民人均生活消费支出水平及结构   单位：元

年份	人均消费支出	食品	衣着	家庭设备	医疗保健	交通及通信	文教娱乐用品及服务	居住	其他
1997	1389.99	914.48 (65.79%)	66.79 (4.81%)	65.77 (4.73%)	40.64 (2.92%)	23.17 (1.67%)	103.12 (7.42%)	165.19 (11.88%)	10.83 (0.78%)
1998	1417.08	868.84 (61.31%)	67.68 (4.78%)	71.26 (5.03%)	48.35 (3.41%)	33.87 (2.39%)	117.88 (8.32%)	192.75 (13.60%)	16.45 (1.16%)
1999	1388.64	843.25 (60.72%)	67.72 (4.88%)	67.01 (4.83%)	50.22 (3.62%)	37.11 (2.67%)	119.29 (8.59%)	186.98 (13.47%)	17.06 (1.23%)
2000	1395.53	747.55 (53.57%)	61.96 (4.44%)	66.76 (4.78%)	68.87 (4.94%)	61.31 (4.39%)	154.52 (11.07%)	199.07 (14.26%)	35.49 (2.54%)

60

表4－3(续)

年份	人均消费支出	食品	衣着	家庭设备	医疗保健	交通及通信	文教娱乐用品及服务	居住	其他
2001	1475.16	798.61 (54.14%)	60.91 (4.13%)	67.34 (4.56%)	86.05 (5.83%)	75.25 (5.10%)	157.10 (10.65%)	198.51 (13.46%)	31.39 (2.13%)
2002	1497.72	835.52 (55.79%)	63.56 (4.24%)	66.22 (4.42%)	75.92 (5.07%)	80.76 (5.39%)	162.58 (10.86%)	183.11 (12.23%)	30.05 (2.01%)
2003	1583.31	831.63 (52.52%)	70.49 (4.45%)	76.68 (4.84%)	89.42 (5.65%)	102.40 (6.47%)	180.28 (11.39%)	212.38 (13.41%)	20.03 (1.27%)
2004	1853.94	1039.00 (56.04%)	79.08 (4.27%)	74.80 (4.03%)	115.31 (6.22%)	119.67 (6.45%)	198.65 (10.72%)	201.03 (10.84%)	26.40 (1.42%)
2005	2142.12	1130.35 (52.77%)	95.96 (4.48%)	95.78 (4.47%)	142.65 (6.66%)	163.05 (7.61%)	249.71 (11.66%)	231.15 (10.79%)	33.48 (1.56%)
2006	2205.21	1150.98 (52.19%)	113.28 (5.14%)	117.98 (5.35%)	159.68 (7.24%)	186.57 (8.46%)	189.73 (8.60%)	254.17 (11.53%)	32.83 (1.49%)
2007	2526.70	1376.00 (54.46%)	136.34 (5.40%)	138.34 (5.48%)	168.57 (6.67%)	208.69 (8.26%)	195.97 (7.76%)	263.73 (10.44%)	39.06 (1.55%)
2008	2884.92	1537.59 (53.30%)	160.34 (5.58%)	167.74 (5.81%)	197.15 (6.83%)	238.43 (8.26%)	211.83 (7.34%)	328.97 (11.40%)	42.87 (1.49%)
2009	3142.14	1542.12 (49.08%)	198.60 (6.32%)	209.37 (6.66%)	242.60 (7.72%)	260.33 (8.29%)	237.38 (7.55%)	406.36 (12.93%)	45.38 (1.44%)
2010	3624.62	1750.01 (48.28%)	224.13 (6.18%)	260.71 (7.19%)	239.03 (6.59%)	270.31 (7.46%)	281.73 (7.77%)	548.00 (15.12%)	50.70 (1.40%)
2011	4502.06	2108.61 (46.84%)	309.00 (6.86%)	348.31 (7.74%)	375.26 (8.34%)	401.65 (8.92%)	334.84 (7.44%)	555.81 (12.35%)	68.57 (1.52%)
增长速度(%)	223.89	130.58	362.64	429.59	823.38	1633.49	224.71	236.47	—

数据来源:《重庆统计年鉴1998—2012年》。

4.3.1　重庆市农村居民生活消费水平

自 1997 年重庆直辖以来，重庆农村居民的生活消费水平增长速度为 223.89%，年平均增长 8.13%（见表 4－3）。与城镇居民一样，消费支出增长最快的是交通与通信，以 1997 年为基期，实际增长了 17.33 倍，年平均增长 20.94%；紧随其后的是家庭设备和医疗保健，但是由于家庭设备价格的下降和医疗保健意识的增强，其增长速度有了很大的变化。家庭设备增加了 5.30 倍，年平均增长 11.76%，而医疗保健也有着 15.97% 的平均增长速度。此外，衣着和居住也有相同的情况，衣着消费增长了 362.64%，年平均增长率 10.76%，位列第三位。而居住的发展趋势正好相反，农村居民的居住消费总共增长 236.48%，说明居住类价格的过快上涨制约了农民在居住上的消费。

4.3.2　重庆市农村居民生活消费结构

重庆市农村居民的消费结构呈现出逐年优化的趋势。基本型消费（食品）比重逐年下降，不过衣着和家庭设备的消费比重在 2009 年略有回升；居住的消费比重稳中有变；享受型、发展型消费（娱乐、教育文化服务和医疗保健）比重快速上升。具体结构特征表现为以下几个方面：

第一，从总体消费结构看，近年来在重庆市农村居民生活消费支出结构中，食品类支出比重过高，即恩格尔系数过高。虽然重庆市恩格尔系数从 1997 年直辖开始时的 63.24% 下降到 2011 年

46.83%，下降了16.41个百分点，但总的来说恩格尔系数仍然不低。根据恩格尔系数划分标准来看，系数处于40%~50%为小康阶段。在1980年以前，重庆市农村居民恩格尔系数均高于70%，1980—1999年间重庆市农村居民恩格尔系数均在60%~70%之间徘徊，2000—2011年重庆市农村居民的恩格尔系数处于45%左右。所以，从消费结构看，重庆市农村居民消费虽然经过多年变迁，目前仍属于从维持温饱的生存型消费过渡到小康的水平，重庆市农村居民生活水平从温饱型迈向小康型还有一段路程。重庆市的恩格尔系数与国内其他直辖市相比差距巨大，以2011年为例，上海市和天津市农村居民的恩格尔系数分别为40.88%和35.33%，全国农村居民的平均值为40.36%。无论是与全国还是与其他直辖市相比，甚至与西部相比，重庆市农村居民的恩格尔系数都是最高的（见图4—3）。

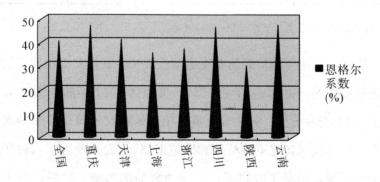

图4—3 2011年全国各地区农村居民恩格尔系数横向对比

不过从食品消费结构来看，主食（如粮食）消费量逐年下降、副食（如肉类、家禽、蛋类、鱼虾）消费量逐年上升，说明重庆市农村居民的食品消费由"吃饱型"消费逐步转向"营养型"消费，食品消费结构日趋合理（见表4-4），反映出重庆市农村居民食品消费质量进一步提高。

表4-4　　重庆市农村居民家庭人均主要消费品消费量　单位：千克

年份 指标	1997	1999	2002	2005	2007	2008	2009	2010	2011
粮食	245.50	236.49	228.79	217.09	194.60	191.38	196.88	186.47	171.15
蔬菜	173.02	166.11	157.28	152.33	144.41	135.37	122.74	126.44	137.65
食用油	5.46	5.88	2.66	3.39	4.73	4.83	5.22	5.62	7.23
肉类	23.91	27.32	25.81	30.29	27.65	25.44	27.85	35.58	29.68
家禽	1.39	1.80	2.33	3.82	3.45	4.22	4.09	4.71	4.09
鲜蛋	3.39	4.99	4.58	6.53	5.77	6.16	6.31	7.12	5.48
鱼虾	1.12	1.60	1.70	2.20	3.13	2.85	3.36	3.46	3.65
鲜奶	0.06	0.12	0.04	0.29	1.21	1.17	1.23	3.65	3.62
酒类	8.38	8.29	7.93	10.40	12.53	12.80	13.22	13.96	13.75

数据来源：《重庆统计年鉴1998—2012年》。

第二，交通与通信的消费支出增长最快，其消费支出比重的增长也是最快的，由1997年的1.67％增加到2011年的8.92％，增长了7.25个百分点。这主要是重庆市政府在交通设施方面加大了投资力度（包括新建道路桥梁和改造旧路），大大改善了农村居民的交通环境，刺激了农村居民在交通方面的消费。同时，由于通信设施和网络在全市范围得到了较大改善和更大范围覆盖，以及通信生产、销售商的生产销售成本降低、通信产品价格不断下降和大量促销策略的全面实施，大大刺激了农村居民对通信的消费热情。截至 2011 年年底平均每百户农村居民家庭拥有移动电话 175.78 部，轿车 2.56 台，这进一步反映了重庆市农村居民生活消费层次的提升。

第三，娱乐和教育文化服务消费比重位居第三位，但其增长速度快，仅次于交通与通信，由 1997 年的 7.42％提高到 2005 年的 11.66％，再下降到 2011 年的 7.44％。这充分体现了随着生活质量的不断提升，农村居民在物质消费得到满足后，对精神文化的需求不断升温。农村居民的娱乐观念有所改变，娱乐方式、范围都有很大拓展，同时农村居民在自身及子女的教育方面的投资也越来越大，以适应社会未来激烈竞争的需要，从而导致农村居民娱乐、教育文化服务消费的大幅上升。

第四，医疗保健消费也呈现快速增长趋势，消费水平的增速排在第二位，由 1997 年的 2.92％上升到 2011 年的 8.34％，增加了 5.42％。虽然医疗保健价格指数有所下降，但农村居民会随着收入水平的逐步提高和医疗条件的逐步改善，更多地去享受医疗带来的好处，保健意识也逐步加强，购买滋补品、营养品日益增多，从而导致农村居民家庭对于该项消费的大幅增加。

第五，衣着和家庭设备的消费比重变化不大，居住消费比重稳中有降。重庆市农村居民的衣着和家庭设备消费比重基本稳定在 5％左右，变化不大，但从支出绝对值来看，由于价格的逐年下降，剔除价格变动后，农村居民在衣着和家庭设备方面的支出额的增长速度极为可观。这说明重庆市农村居民在传统实用观念的基础上，开始对服装和家庭设备表现出一定程度的改善倾向。重

65

庆市农村居民的居住消费比重稳中有降，1997 年为 11.88％，2000 年达到 14.26％，此后慢慢下降，2011 年为 12.35％。虽然如此，其消费支出比重仍处于第二位，说明居住对农村居民来说仍处于非常重要的地位。但是居住之所以能保持这么高的支出比重，另一个重要原因是居住价格的大幅上升，因为如果剔除价格变动，重庆市农村居民在居住上的消费支出是下降的。造成下降趋势的原因很多，一是经过农村居民大规模盖房的积累，居住条件基本得到保障；二是由于建造成本的增加，水电气价格的上涨等，收入水平增长却比较缓慢，限制了农村居民在居住上的支出，使得重庆市农村居民在居住方面的实际支出反而下降，居住消费并没有成为农村居民的消费新热点，这与城镇居民居住消费大幅攀升并形成新的消费热点形成反差。

综上所述，重庆市农村居民消费在满足"吃、穿、住"的基本生存型消费需求后，将着重转向"文化教育、交通通信、医疗保健"等发展型、享受型方面的消费需求，不断改善消费结构，提升消费水平。

4.3.3 重庆市农村居民生活消费横向对比分析

从消费水平来看，重庆市农村居民的人均生活消费支出低于全国的平均水平；与西部省相比，低于四川省，高于其他各省（见图 4-4）；但无法与其他直辖市相比，差距太大。这是因为重庆是一个以农村为主的直辖市，许多偏远地区不能依托大城市的优势而得到快速发展。

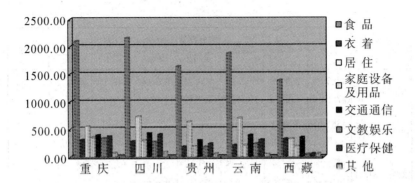

图 4—4 各地区农村居民家庭平均每人消费支出横向比较

从消费结构来看，食品的消费支出比重最高，衣着、家庭设备及用品、娱乐教育的消费支出比重最低（见表 4—5）。也就是说，基本消费的比重偏高，发展与享受型消费比重偏低。说明重庆市农村居民的生活消费结构还不够合理，与全国其他省市相比还有差距。

表 4—5 2011 年重庆市与全国及典型地区农村居民人均生活消费水平

与结构对比 单位：元

地区	消费支出合计	食品	衣着	居住	家庭设备及用品	交通通信	文教娱乐	医疗保健	其他
全国	5221.13	2107.34 (40.36%)	341.34 (6.54%)	961.45 (18.41%)	308.88 (5.92%)	547.03 (10.48%)	396.36 (7.59%)	436.75 (8.37%)	121.99 (2.34%)
重庆	4502.06	2108.61 (46.84%)	309.00 (6.86%)	555.81 (12.35%)	348.31 (7.74%)	401.65 (8.92%)	334.84 (7.44%)	375.26 (8.34%)	68.57 (1.52%)
四川	4675.47	2161.65 (46.23%)	281.87 (6.03%)	727.39 (15.56%)	300.95 (6.44%)	431.14 (9.22%)	276.64 (5.92%)	413.12 (8.84%)	82.71 (1.77%)
贵州	3455.78	1646.53 (47.65%)	186.22 (5.39%)	639.32 (18.50%)	192.78 (5.58%)	304.51 (8.81%)	183.03 (5.30%)	246.28 (7.13%)	57.10 (1.65%)

67

表4-5(续)

地区	消费支出合计	食品	衣着	居住	家庭设备及用品	交通通信	文教娱乐	医疗保健	其他
云南	3999.87	1883.95 (47.10%)	209.05 (5.23%)	702.41 (17.56%)	208.24 (5.21%)	393.04 (9.82%)	241.13 (6.03%)	309.25 (7.73%)	52.80 (1.32%)
西藏	2741.60	1384.65 (50.51%)	331.21 (12.08%)	328.02 (11.96%)	186.01 (6.78%)	348.86 (12.72%)	40.91 (1.49%)	65.78 (2.40%)	56.16 (2.05%)
陕西	4491.71	1344.99 (29.94%)	285.37 (6.35%)	1108.58 (24.68%)	279.86 (6.23%)	406.68 (9.05%)	405.56 (9.03%)	533.44 (11.88%)	127.24 (2.83%)
北京	11 077.66	3593.48 (32.44%)	862.58 (7.79%)	2350.31 (21.22%)	714.52 (6.45%)	1228.19 (11.09%)	1003.67 (9.06%)	1035.18 (9.34%)	289.72 (2.62%)
上海	11 049.32	4517.16 (40.88%)	644.52 (5.83%)	1805.91 (16.34%)	648.89 (5.87%)	1308.92 (11.85%)	916.07 (8.29%)	908.63 (8.22%)	299.21 (2.71%)

数据来源:《中国统计年鉴2012年》。

4.4 重庆市农村居民消费倾向分析

从2000年以来,农村居民的平均消费倾向最小是0.687,最大是0.768;从发展趋势来看,农村居民的平均消费倾向有下降的趋势。农村居民边际消费倾向的平均值为0.670,而城镇居民为0.652,农村居民边际消费倾向比较低且很不稳定,说明农村居民在消费上有较大的发展空间,而城镇居民消费发展空间相对比较饱和。

从总体上看,农村居民的边际消费倾向有逐年增长的趋势,从2000年的0.121上升到2011年的0.730,其平均消费倾向为0.695,即当农村居民人均纯收入增加1元时,人均生活消费支出将平均增加 0.695 元（见图 4-7）。从分类商品边际消费倾向来看（见图 4-5），除食品外，边际消费倾向从高到低依次为医疗保健、交通和通信、家庭设备、用品及服务、衣着、文教娱乐用品及服务，与前边消费结构的分析结果基本一致，反映出近几年农村居民消费发展的新趋势和新热点。这与近几年教育体制改革和医疗制度改革的逐步深化，医疗条件逐步改善和保健意识逐步加强，农村交通条件得到较大改善，交通通信设施的完善和通信业的迅速发展等实际情况是一致的。以上情况进一步反映了重庆市农村居民随着收入增长，消费模式正在由"生存型"逐步向"发展型"转变的特征，同时也说明了娱乐教育等文化服务、交通和通信、医疗保健、居住这四类消费需求正是刺激重庆市农村经济增长的发展方向。

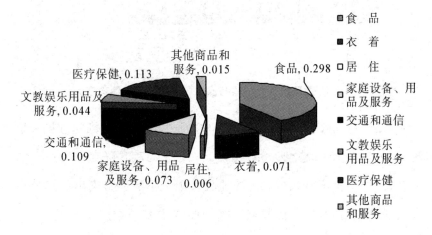

图 4-5　2011 年重庆市各类生活消费支出边际消费倾向比重

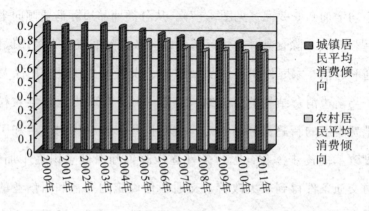

图 4—6　重庆市各年城镇与农村居民平均消费倾向走势

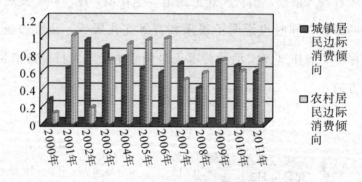

图 4—7　重庆市各年城镇与农村居民边际消费倾向走势

从总的发展趋势来看，重庆市农村居民平均消费倾向近年来呈现出波动下降的趋势，由 2000 年的 0.737 下降到 2011 年的 0.695，说明重庆市农村居民的纯收入用于生活消费支出的部分在 12 年间下降了 4.2 个百分点。究其原因主要是重庆市地处内陆，收入水平低、收入渠道少、实际收入增长缓慢、消费观念落后，农村居民预期收入不断降低（如农产品市场、自然气候、宏观经济形势等方面的不确定因素），而预期支出却不断增加（如养老保障支出、教育培训支出、医疗保健支出等），从而导致农村居民储蓄倾向增强，消费倾向降低。从另一个角度来看，重庆市农村居民平均生活消费倾向逐年降低，说明农村生活消费市场存在巨大潜力，需要采取更有效的拓展对策去挖掘和开拓，实现城乡消费互动。

农村居民在食品和家庭设备及服务上的边际消费倾向是大于城镇居民的，其他各类的边际消费倾向均小于城镇居民，其中差别最大的是娱乐、教育的边际消费倾向（见图4-6和图4-7）。这是因为农村居民的生活总体上还处于温饱阶段，急于改善基本生活条件，对于基本的生存型消费品需求还处于上升状态，这从城乡居民的食品消费量和耐用消费品拥有量的对比结果可以知道；而对于发展型、享受型消费的需求，由于受到收入的限制，上升势头较缓。

4.5 重庆市农村居民家庭耐用消费品结构分析

重庆市农村居民家庭耐用消费品正处于升级换代过程中，农村居民对家庭耐用消费品的需求正从"基本满足型"向"追求享受型"过渡（见表4-6）。主要表现为以下几个方面：

第一，在通信类家庭耐用消费品方面，重庆市农村居民表现出很大的消费意愿。电话座机呈现出快速增长的趋势，以平均每年22.93％的增长速度高速增长，手机平均每百户拥有量由2000年的0.89部增加到2011年的175.78部，近12年内的年平均增长速

71

度高达 55.35％，极大反映出农村居民追求方便和时尚的消费心理和购买热情。

第二，在交通类家庭耐用消费品方面，重庆市农村居民逐渐开始用价格高昂、省时、省力的摩托车替代价格相对低廉、耗时、费力的自行车。自行车的拥有量从 1997 年的 19.47 辆减少到 2009 年的 11.97 辆，减少了 38.52％；而摩托车从 2000 年的 3.67 辆增加到 2011 年的 36.28 辆，在这个相同的时间段内增加了 888.56％，其增长速度远远高于低档次自行车的减少速度。这一巨大的反差，说明农村居民随着收入水平的增长和重庆市交通条件的改善，提高了用先进交通工具来替代落后交通工具的速度，同时，他们的交通消费观念也有所改变。

表 4-6　重庆市农村居民家庭平均每百户年末耐用消费品拥有量

年份	自行车/辆	摩托车/台	洗衣机/台	电冰箱/台	空调/台	座机/部	手机/部	彩色电视机/台	影碟机/台	电脑/台	照相机/部
2000	16.11	3.67	8.94	5.67	0.17	16.44	0.89	31.33	—	—	1.00
2003	16.94	7.78	15.89	8.89	0.39	43.72	20.06	53.33	25.00		1.50
2005	14.06	12.56	21.50	13.56	2.17	59.83	49.33	79.22	36.00	0.17	1.28
2007	13.39	17.61	32.78	28.50	5.17	62.17	82.06	89.28	40.17	1.44	1.00
2008	13.83	19.50	36.22	32.67	6.67	60.11	98.28	94.33	39.28	1.11	1.89
2009	11.97	22.33	42.11	43.61	10.11	56.94	107.78	95.28	42.61	1.83	1.56
2010	—	27.06	48.56	58.00	14.56		132.00	97.72	—	4.06	
2011		36.28	60.50	73.17	21.67		175.78	106.50		11.94	

数据来源：《重庆统计年鉴 1998—2012 年》。

第三，在家电类家庭耐用消费品方面，重庆市农村居民对高档次的家电设备表现出极大的消费热情。洗衣机、电冰箱、空调的年平均增长速度分别为 17.23%、23.75% 和 49.78%；在电视机方面，对于高档次的彩色电视机的消费逐年上升，年平均增长速度为 10.73%；随着彩色电视机的逐渐普及，收录机的拥有量也逐年减少，影碟机的需求量悄然上升。农村居民家庭平均每百户年末影碟机拥有量近五年已翻一番；而对较高档次的照相机的消费，也平均每年增长 11.04%，甚至以前不被农村居民熟知的家用电脑，目前也在农村逐渐普及开来。

第四，与全国平均水平相比，重庆市农村居民的每百户耐用消费品拥有量还比较低（见图 4-8）。图中所列的每一种耐用消费品拥有量，重庆市农村都低于全国水平，越高档的商品差距越大。重庆市与全国相比，摩托车、电冰箱、彩色电视机和抽油烟机的拥有量差距分别为 24.57、11.63、8.96、8.95，差距大的相差在一倍左右。

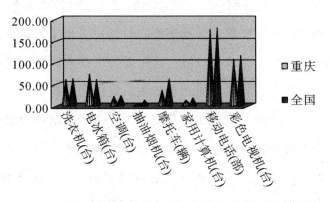

图 4-8　2011 年重庆市与全国农村居民家庭平均每百户年底耐用消费品拥有量比较

综上所述，重庆市农村居民在城镇居民消费的引领下，消费观念和消费水平随同时代进步、社会发展不断提高。随着收入水平的不断提升，农村居民家庭耐用消费品正由俭朴型的传统消费向时尚型的现代消费迈进，城乡之间消费意识的差距正在逐步缩小。

4.6 重庆市农村居民消费结构特征总结

重庆市农村居民随着收入水平的不断提高，对各种消费品的消费表现出较大的差异，消费结构演化的基本趋势是由"生存型"消费需求逐步转向"发展＋享受型"消费需求，符合恩格尔定律，总体上反映出重庆市农村居民消费结构向更高层次的演化和升级。具体来说，重庆市农村消费表现出以下特点：

第一，消费观念明显改变，传统消费意识逐渐减弱。重庆市农村居民消费观念由于受多种条件限制，其变化升级速度较慢。但自从直辖以来，农民整体生活质量不断提高，消费观念不断改善。随着市场经济的不断深入，重庆市农村居民走出了自给自足的小农意识圈，积极参与市场经济。这主要表现在农民售出农产品数量增加，货币购买消费品的比重加大，农民的工农业产品的货币交易形式更加普遍，农民在产品的投入、生产、销售和服务以及向社会提供劳务的一切经济行为中都越来越多地与市场经济密不可分，如农产品的商品率提高、进城打工的农民工人数增加等。同时，农民用于生产性和生活性支出的市场化特征也越来越明显，主要体现在货币消费比重提高、非商品性消费支出明显增多、信用消费开始进入农民家庭等。

第二，重庆市农村居民的消费市场巨大，但与其他几个直辖市和全国平均水平相比，现阶段总体消费水平仍较低，消费速度增长缓慢，平均消费倾向较低，（2011 年重庆市与全国农村居民平均消费倾向分别为 69.5％和 87.88％），恩格尔系数偏高（2011 年重庆市与全国农村居民的恩格尔系数分别为 46.83％和 40.36％），农村消费市场难以启动，难以与城市消费市场同步发展。

第三，消费结构升级速度迟缓，不同经济区域及不同消费项目消费冷热不均。由于受到收入水平增长的限制，重庆市农村居民从总体消费结构看，食品类消费支出比重过高，恩格尔系数超过 45％。在 1990—1999 年间重庆市农村居民的恩格尔系数均在 60％至 70％间徘徊，2011 年回落到 46.83％以下，经过多年仍处于维持温饱的生存型消费中，说明消费结构升级速度迟缓。在八类生活消费品中，交通通信、医疗保健和娱乐教育三大消费品增长最快、增幅最大，已成为重庆市农村居民消费的关心热点和发展方向，反映了农村消费市场的巨大潜力和消费欲望。

第四，农村消费层次多样化。相对城市而言，重庆市农村范围更广泛，居民更多，从而导致内部消费层次更多，地区之间消费偏好和消费习惯差别更大。这一方面是因为农民之间的收入差距比城市居民之间的收入差别更大，另一方面是因为农民消费行为受地理环境、风俗习惯等其他非市场因素的影响。

5. 重庆市农村生活消费市场疲软原因分析

近几年来，重庆市农村生活消费市场与我国其他地区农村生活消费市场一样，消费水平过低、消费结构升级缓慢、消费市场难以启动，严重影响我国国民经济的快速发展。形成这种不利局面的原因是多方面的。

5.1 重庆市农民收入增长缓慢及收入差距扩大

改革开放以来，重庆市农村居民的收入水平不断提高，生活水平得到进一步改善，农村人均纯收入从 2000 年的 1892.44 元增加到 2011 年 6480.41 元，12 年的平均增长速度为 10.80%；而同期城市居民的人均可支配收入年平均增长速度为 11.15%。因此，不管在哪个阶段，农村居民的收入增长速度总是低于城市居民，而且还存在着不断扩大的趋势。从纵向来看，重庆市农村居民人均纯收入增长速度的波动比较大，直辖前的增长速度较高，2000 年降为 4.16%，之后一直保持比较低的增长速度，到 2005 年迅速上升，2011 年达到了较高的增长速度，虽然重庆市农村居民人均纯收入近几年出现了几次较高增速，但总体增长趋势还是比较缓慢，且波动幅度较大（见图5-1）。

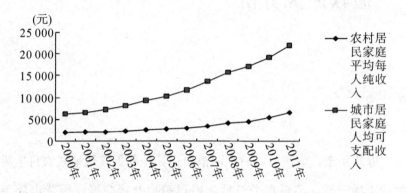

图 5-1　2000—2011 年重庆市城市与农村居民家庭平均每人
可支配收入增长趋势比较

此外根据绝对收入假说，不同收入群体的消费倾向不同。高收入居民的消费倾向低于低收入居民的消费倾向。如果收入分配更加平等，则整个社会的消费倾向提高。反之，收入分配差距越大，社会的消费倾向就越低。目前，收入差距扩大已经成为制约我国农村消费规模的重要因素。如果按照纯收入对农村居民进行五等份分组，可以发现农村居民之间的收入差异在不断扩大。2011 年重庆市最低收入组农村居民和较低收入组农村居民人均纯收入分别是 2846.04 元和 4624.65 元，分别比 2000 年的 802 元与 1440 元上涨了 2.55％和 2.21％；中等收入组、较高收入组和高收入组农村居民人均纯收入分别是 6054.48 元、7913.61 元和 13117.82 元，不同收入组的差距进一步扩大。农村居民收入差距不断扩大，在农村形成了高、中、低不同阶层的收入与消费群体。由此得出，第一，农民的收入越低，生活消费支出比重占纯收入的比重越高；第二，随着收入的增加，农民消费支出逐渐增加，消费支出占纯收入的比重开始下降；第三，农村高收入消费基本稳定，把收入主要用于投资以获得更高收入，而低收入户则由于收入增长有限，且收入增长慢于高收入户的收入增长，总体购买力不足。因此，农民收入差距扩大影响了农村生活消费，农村社会财富向高收入组集中不利于农村生活消费市场的开拓与扩大。收入的这种增长趋势导致了农村居民收入差距的扩大，购买力相差的悬殊，引起了消费预期的改变（包括收入、价格预期、利益预期，政策评价等），从而导致消费断层产生。少数富裕群体消费需求相对饱和，而大部分低收入群体消费需求受购买力不足的局限，因而农村消费市场很难像人们预期的那样升温。在市场经济条件下，生产与消费相互依存、相互促进和相互制约，消费对生产的作用越来越大，消费需要成为市场的第一推动力。因此，低水平消费、不合理的消费结构将减缓消费品市场的升级换代，造成恶性循环，形成消费"陷阱"。

5.2 重庆市农村生活消费基础设施落后且消费环境差

加快农村基础设施建设，为农业生产和农民生活提供有效、足量的公共产品和服务，是农村现代化所必不可少的前提条件。在所有的农村公共产品和服务中，生活类基础设施建设是影响农村

79

消费活动和消费水平的最基本、最重要的因素，是切实改善农村消费环境、提高农民生活水平、扩大农村消费规模的重要保障。目前，重庆市大多数农村由于地处偏远、观念陈旧、经济落后、基础设施不发达，导致农村居民消费环境差，严重地影响了农村经济的发展和农村居民消费水平的提高。重庆市农村现有的基础设施无论在数量、质量、规模、档次等方面都远远不能满足农村消费市场的发展需要，一些农村连供水、供电、道路、电视信号等问题都没有得到根本解决。农村输变电设备陈旧、线路老化、供电能力不足、电压不稳、电价偏高，抑制了农民的电力消费，不利于电视机、空调以及电话机等耐用消费品进入农村市场。农村交通、通信、商业等设施落后，市场流通网络残缺不全，消费网络和服务网络很不完善，农村居民购物和售后维护极不方便，不能满足农村居民对现代化生产、生活商品的需求。多数大型工商企业目光仅盯住城镇市场，而忽视了农村这一广阔市场，个别地方坑害农民、销售假冒伪劣商品的现象时有发生，严重损害了农村居民的利益，也进一步制约了农民生活消费水平的提高。

重庆市农村生活消费落后依然是制约重庆市消费市场扩大和升级的重要因素。第一，农村道路建设供给严重不足，重庆市仍有1455个行政村不通公路，全市砂石路面、土路及无路面土路中农村占据了82%，有些地方的路况较差，造成了工业品下乡、农副产品进城的困难。第二，农民安全用水、足量用水仍面临困难，到2008年，重庆市农村引用自来水的农户只有49.7%，农用水渠、中小型水库建设投资严重不足。水的供应及其价格问题制约了一些家庭耐用消费品的消费，如洗衣机等。第三，用电困难，制约农村居民对家用电器的使用，农村电网不仅老化，电压不稳，而且城乡用电同网同价的政策未得到很好的贯彻。第四，绝大多数农村没有良好的生活废弃品处理条件，缺乏生活垃圾处理和污水处理系统。

5.3 流通体系和渠道不完善

农民消费的一个最重要的特点就是先卖后买，只有建立顺畅的农产品流通渠道，把农民手中的农产品及时、优价、顺利地卖出去，完成农产品从商品到货币的跳跃，实现农产品价值，获得收入，农民才会有钱去购买工业品。目前，重庆市农村农产品流通渠道仍然存在农民进入市场的组织化程度低、交易市场布局不合理、交易方式落后、市场基础设施建设不足等一系列问题，影响了农产品的正常流通，制约了农业发展、农民收入的提高，进而制约了农村生活消费市场的拓展。目前重庆市农村消费品的流通体系由流通主体和流通渠道组成，消费品从厂家转到农村居民手中，流通形式主要有以下几种类型：第一，厂家—商品流通企业—连锁店—农户；第二，厂家—批发市场—农村零售商店—农户；第三，农户—农村集贸市场—农户；第四，厂家—城市大型商场—农户；第五，厂家—农民。其中以生活消费市场中的耐用消费品为例，耐用消费品由于其价值比较高、专业性比较强等特点，主要通过第一与第四渠道类型进入农村居民家庭，这两个渠道主要是

81

为城镇居民服务的，并没有专门针对广大农民的市场需求进行设计和经营。因而可得知，农产品市场在城市与乡村之间布局不合理。城市农产品市场分布合理、设施完备、经营农产品品种齐全；农村农产市场一般比较简陋，经营品种单一，且大多数分布在乡镇。据推算，农村平均每个乡镇的市场数仅1.6个。农产品的流通渠道也更多呈现的是"农村—城市"路径，而不是"农村—农村"路径，因而农村居民获得农产品的便利性、多样性大打折扣，造成农民生产农产品，但却难以接触到丰富多样的农产品的矛盾。此外，城乡农产品市场的发展还呈现出城市农产品市场发育良好，而农村农产品市场发展缓慢的特点。目前，重庆市流通体系缺少对农村市场的深入调查研究，缺乏为农民服务的观念和意识，销售的商品大多数着眼于城市居民。农村市场信息不对称，极易造成批发商、零售商、物流商等对农村消费者的需求信息获取失真，品种和需求量的判断标准不准，从而引起存货的短缺或过剩。短缺影响农户的正常消费；过剩则使物流成本上升，影响商家的正常资金流和效益。农村季节性和节日性消费的特点，往往容易使得正规服务商家难以形成稳定的物流和资金流。总之，农村市场不稳定的物流、资金流和信息流，致使流通效率低下，无法满足农村消费者的个性化需求，影响农村耐用消费品的增长消费。

5.4 农村流动性约束与金融体系落后

流动性约束是影响消费的重要因素，其产生原因包括：第一是消费者没有财富，不能将现有的财富变现或难以将现有财富做抵押以获得贷款；第二是信贷市场信息不对称导致信贷市场存在道德风险和逆向选择，使其均衡的信贷利率高于信息对称情况下的均衡利率；第三是信贷市场不发达，信贷规模、种类不够，流动性约束造成了我市农村居民消费具有极强的过度敏感性。

小农经济限制农村生活消费信贷发展。小农经济的特点对重庆市农村信贷的发展产生了很强的制约作用。一般来说，对于小农家庭而言，农业或者农业地是一种生存保险，其中渗入了传统、文化、情感等因素。尽管农民的非农收入比重不断增加，但从根本上来看，由于农村剩余劳动力无法独立成为一个新的阶层，就必然依附在小农经济之上。在这种小农格局中，农民的普遍心态是保持温饱无忧，当家庭出现赤字时，首先想到的是如何外出挣得更多的非农收入，其次是谋求熟人借贷。从借贷的角度分析，这种谋求熟人借贷仍然在农村借贷市场中占有相当大的比重。即使国家通过农村外的金融组织给农民提供贷款，农民家庭之间的借贷仍将占据重要地位。这就是说，重庆市农村信贷市场特别是消费信贷市场的发展受到了小农经济本质的制约。尽管我国农村存在强烈的生产性信贷需求，而且该需求得不到满足，但是农村信贷市场需求仍和小农经济性质相适应，仅是一种非生产性市场。农民具有谨慎借贷消费的现实要求，在收入和预期不稳定的条件下，对借贷消费持谨慎态度。即便现代市场经济规则和理念开始向农村渗透，但家庭作为基本消费单位和经济决策单位的传统也不会一下就发生改变，农村社会的乡土意识与家庭结构决定了他们在相当长的时间内仍会认同与依赖传统的借贷渠道和方式，而不会迅速融入现代信贷制度，并通过借贷来展开消费。

农村金融体系落后。首先，针对金融服务短缺，我国农村较为分散，银行规模经济优势被分散耗费，导致商业银行逐步退出和远离农村；商业银行对农民的业务仅局限于提供存款服务，贷款服务的提供受到局限；农民在农村信用社的贷款余额中只有农户储蓄额的 25％，剩余 75％的存款流失到其他方面，而且就是这为数不多的农户贷款也主要集中在少数人手中，大部分农户的贷款需求得不到满足。其次，小额信贷体制落后，小额信贷是正规金融机构的一种有效补充，它有助于扶持中下收入群体和贫困群体改善生产和生活环境。重庆市小额贷款的非金融企业缺乏资金，每笔贷款的金额十分有限，且政府重视程度不够，对于是否发展民营小额贷款，以及是否加快制定政策法规存在疑虑。农村信用社的小额贷款由于缺乏宽松的信贷政策，资金配置效率难以提高。高成本、低收益的信贷特点使农村居民财务自立，获得可持续发展的能力受到限制。人们对小额信贷的认识基本停留在扶贫手段上，行政色彩强烈，且农村信用社小额信贷只重视资金的发放，不注重资金的使用指导和回收。

5.5　农村社会保障制度不完善

重庆市的农村社会保障，无论是医疗福利、养老保险、最低保障以及其他社会福利，都只仅仅面对较少的受众，还有相当大一部分农民未能享受或仅享受到很少的社会保障。第一，重庆市的农村社会保障制度覆盖面窄，保障水平也低。就保障水平来看，由于重庆市农村社会保障建立在农村较为薄弱的经济基础之上，农民的可支配收入很少，而我市的财政能力又是有限的，社会保障资金的筹集相当困难，这也直接导致了现行的农村社会保障水平普遍较低，社会保障制度也不完善。第二，重庆市的农村社会保障发展不平衡。重庆市处于比较贫困的西部地区，农村社会保障水平低，且覆盖面窄，农村地区的各个社会保障项目的发展水平差异也很大，很多地区存在重要保障项目缺失的情况，项目也不够健全。从重庆市的情况来看，农村社会经济发展相对落后于城市，再加上集体经济薄弱，农民对社会保障认识不够，以及农村社会保障体系本身的不完善，农村社会保障体系建设相对滞后。社保覆盖率低的问题长期制约重庆市农村全面小康的建设进程，即使有的农村居民已经参加了农村社会保障项目，但保障水平太低，解决不了实际问题。第三，重庆市农村社会保障资金严重不足。农村社会保障需要大量而又持续的资金投入，没有资金的保障，大部分政策和措施将无从实施。而重庆市目前农村经济发展水平较低，农民可支配收入较少，且筹资渠道不够多元化，这些因素致使农村社会保障资金的筹集非常困难，进而导致资金严重不足。此外，重庆市和全国其他城市一样面临社会保障的财政支出较少，这在很大程度上是由于重庆市农村社会保障资金筹集采用"农民个人缴费为主，集体补助为辅，国家给予政策支持"的原则，这就影响了农民参与社会保障项目的积极性。第四，重庆市农村社会保障的法律约束不够。由于重庆市在建设农村社会保障体系时，没有形成配套的、系统性的法律法规，立法严重滞后，这使得许多相关政策的实施缺乏规范性和可操作性，且不具备较强的约束力。不健全的法律体系严重制约了我市农村社会保障的规范化。最后，由于重庆市尚未针对农村社会保障专门立法，在无法可依的情况下，农村社会保障资金的管理缺乏约束，经常处于比较混乱的状态，面临较大的风险。而且重庆市农村社会保障处于各级政府的分散管理之中，没有统一的综合管理机构和规划办法，各个管理部门由于利益约束不同，在具体项目的决策上常常相互冲突，使农村社会保障项目未能以最优的方案来实施，难以取得应有的效应。

6. 重庆市农村居民收入与消费的相关性分析

收入与消费密不可分，是农村居民生活的两个重要支撑，相互作用，相互影响。收入是消费的基础，消费是收入的归宿，收入增长的快慢从很大程度上决定了消费需求增长的快慢。国家"十二五"计划强调，推进经济增长方式转变的主要途径就是扩大国内消费，要把宏观经济政策的着力点从投资转向消费，增加居民收入在国民收入中的比重，改善流通和消费环境，提高消费需求对经济增长的贡献率。因此，提高居民收入，促进消费增长，协调二者的发展，事关经济运行与发展动力的增强。下面就重庆地区农村居民收入和消费的相关性问题进行分析。

6.1 重庆市农村居民收入与消费的相关性特征

从重庆地区农村居民收入与消费的动态走势轨迹来看，二者之间呈明显的同步趋势。农村居民生活消费性支出始终低于纯收入水平，相依于收入延伸。收入牵引和协同生活消费支出的向上延伸性，体现了二者之间的关联性。如图 6-1 所示，在 2002 年之前，重庆地区农村居民人均生活消费性支出与人均纯收入几乎是同步增长，自 2003 年开始，逐步出现落差，而且落差逐步扩大。

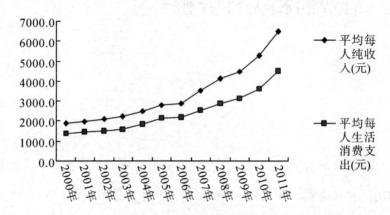

图 6-1　2000—2011 年重庆市农村居民平均每人纯收入
与平均每人生活费支出趋势比较

6.2　重庆市农村居民收入与消费相关性的量化分析

6.2.1　回归分析

根据凯恩斯提出的"绝对收入假定"理论，现期收入决定现期消费。以农村居民家庭人均生活消费支出（C）为因变量，以农村居民家庭人均年纯收入（Y）为自变量，建立重庆地区农村居民消费与收入的线性回归模型：

C=a+bY

式中，C 为现期消费；a 为自发性消费（从短期看，没有收入也应该有消费，因为人类要生存就得有消费）；b 为边际消费倾向；

Y 为现期收入；bY 为引致性消费。使用2005—2010 年《重庆统计年鉴》中重庆地区农村居民人均纯收入和人居生活消费支出的数据，计算出重庆地区农村居民消费与收入的线性回归方程式为：

C＝0.7859Y＋56.831

R_2＝0.9871

b＝0.7859，是说农村居民现期收入每增加 1 单位，现期消费会增加 0.7859 单位，判定系数 R_2＝0.9871，表明现期消费与现期收入的相互关系有 98.71％可以用其线性关系来解释，或者说，在现期消费变动中，有 98.71％是由现期收入决定的。

6.2.2　消费倾向分析

消费倾向是指居民可支配收入中用于消费的比率，分为两种形式：平均消费倾向和边际消费倾向。平均消费倾向（APC），是指消费在收入中所占的比例，即每一单位收入中的消费量，如果用 C 表示消费，用 Y 表示收入，则 APC＝C/Y，0＜APC＜1，平均消费倾向 APC 和平均储蓄倾向（APS）之和等于 1，即 APC＋APS＝1。边际消费倾向（MPC），是指消费增量在收入增量中所占的比例，即每增加一单位收入引起的消费变化，用公式表示为 MPC＝△C/△P（式中，△C 表示当期比上期增加的消费支出，△P 表示当期比上期增加的纯收入）。根据经济学意义，边际消费倾向应该大于 0 小于 1，系数越大，越接近 1，表示增加的收入大部分用来消费；相反则表示增加收入的大部分用于储蓄，边际消费倾向和边际储蓄倾向（MPS）之和等于 1，即 MPC＋MPS＝1。

消费倾向的高低主要取决于两个因素：一是现期收入水平的高低；二是人们对未来不确定因素的预期。现期收入水平越高，预期未来的不确定性因素越少，收入中用来消费的部分就会越多，消费倾向就高；相反，现期收入水平越低，预期未来的不确定性因素越多，收入中用来储蓄的部分就会越多，消费倾向就低。

从图 6-2 中可以看出，重庆地区农村居民的平均消费倾向一直保持在较高水平，变动相对缓慢，这从一个侧面也反映了重庆地区农村居民潜在的消费需求将会得到更大释放。具体来看，2000 年至 2006 年间，重庆市农村居民平均消费倾向在波动中上升，由 0.737 上升到 0.768，上升了 3.11 个百分点。这说明随着收入的增加和支付能力的提高，重庆地区农村居民在经历了长期的消费压抑之后，比较强烈的消费冲动和消费欲望起着驱动消费的作用，因此收入中用于消费的比例增加，相应的用于储蓄的比例就减少。自 2007 年开始到 2011 年，重庆地区农村居民平均消费倾向下降迅速，由 2007 年的 0.720 降至 2011 年的 0.695，下降了 2.5 个百分点。这主要是因为这一阶段收入徘徊不前，农村居民基于对未来预期的下降和各种不确定性因素的考虑，收入中用于储蓄的比例大幅提高，因而用于消费的比例大大降低。2000 年以来，重庆地区农村居民的平均消费倾向保持在一个比较稳定的水平，处于 0.73 至 0.76 之间，说明这一阶段的收入与消费支出形成了一个比较稳定的比例关系。

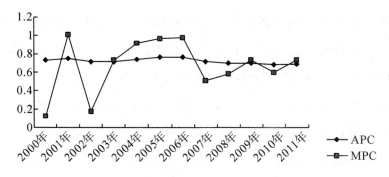

图 6-2　重庆市农村居民 APC 与 MPC 走势

　　相对于平均消费倾向而言，重庆地区农村居民边际消费倾向的变动要剧烈得多，二者呈现完全不同的走势。如图 6-2 所示，2001 年，重庆地区农村居民的边际消费倾向高达 1.011，也就是说，消费增量是收入增量的 1 倍多。出现这一情况的原因在于：重庆地区农村居民生活极度贫困而且收入水平很低，为了满足最基本的温饱和生存，不得不动用过去的储蓄或借债来增加消费，以满足生存需要。2002—2008 年，重庆地区农村居民的边际消费倾向上下波动频繁，而且波幅较大，呈现出一种跌宕起伏的消费趋势，这正是重庆地区农村居民家庭收入低和收入增长不稳定进而导致消费增长波动频繁的一个集中表现。2009—2011 年，重庆地区农村居民边际消费倾向也比较稳定，保持在高位运行，并呈现略微上升的态势（0.730—0.604—0.730）。2007—2011 年，重庆地区农村居民的边际消费倾向出现大幅下滑。究其原因，一方面是由于自 2007 年以来农村居民收入增长速度较前几年出现了明显回落；另一方面受紧缩性宏观调控政策影响，消费者信心不足，未来收入预期的不确定性使消费趋于保守，收入增量更多的用于储蓄,甚至通过减少即期消费来增加储蓄,呈现出"低消费、高储蓄"的态势,从而降低了居民的消费倾向。2009 年开始,重庆地区农村居民的边际消费倾向迅速反弹到 0.730。总的看来,重庆地区农村居民的边际消费倾向在多数年份都比较高,说明重庆地区农村居民的收入水平低,为了改善生活,不得不将更多的新增收入用于消费。

6.3 重庆市农村居民收入与消费结构各项目的相关性分析

首先,农村居民收入水平的高低反映了农村劳动生产率的高低,而农村劳动生产率决定了可供农村居民消费的基本生活资料的数量及其品种丰富程度,这是决定农村居民消费水平和消费结构的物质基础。其次,农村居民收入水平的高低反映了农村居民购买力的大小。在市场经济条件下,农村居民的消费需求除了自我满足的自给部分外,基本都是通过有购买能力或有支付能力的需求表现出来的,超过有支付能力的需求只能是一种无法实现的消费欲望。农村居民收入水平不同,其消费水平和消费结构也不同,农村收入水平的层次性决定了农村消费水平和消费结构的层次性。

利用重庆地区农村居民人均纯收入和生活消费支出的构成统计,建立回归模型来分析农村居民生活消费结构各项与收入水平的关系。从回归结果来看(见表 6-1),重庆地区农村居民消费结构各项与收入水平不仅相关关系基本为正，而且相关程度也有强有弱。其中，交通通信、医疗保健、衣着和家庭设备与收入水平高度正相关，即随着收入水平的提高，其占生活消费支出的比重逐步上升。分别由 2000 年的 4.39%、4.94%、4.44%、4.78% 上升到 2011 年的 8.92%、8.34%、6.86%、7.74%。食品和文教娱乐支出与收入水平高度负相关，即随着收入水平的提高，其占生活消费支出的比重是不断下降的，分别由 2000 年的 53.57% 和 11.07% 降到了 2011 年的 46.84% 和 7.44%。

在消费需求的决定和消费结构的升级中，个人收入是最重要的制约因素，在任何情况下，人们都只能在既定的收入基础上形成自己的消费支出。在市场经济条件下，只有具备货币支付能力的需要才是能够得到满足的需要。在一定时期内，人们只能根据自己当时的货币收入水平和各种需要不同的迫切程度，在可支配的收入范围内，决定满足自己各种消费需要的先后顺序，决定将自己支配的货币购买力分配于各种消费支出的比例。

表 6-1　农村居民消费结构各项与收入水平的回归分析

项目	回归方程	相关系	相关系数平方
食品	$C_{1t}=-2.382y_t+67.335$	$R_1=-0.9588$	$R_1^2=0.9193$
衣着	$C_{2t}=-0.565y_t+9.14$	$R_2=-0.8323$	$R_2^2=0.6927$
居住	$C_{3t}=0.2763y_t+12.803$	$R_3=-0.5486$	$R_3^2=0.3010$
家庭设备用品及服务	$C_{4t}=-0.0913y_t+4.6621$	$R_4=-0.7633$	$R_4^2=0.5826$
交通通讯	$C_{5t}=0.8057y_t+0.0193$	$R_5=-0.9859$	$R_5^2=0.9719$
文教娱乐用品及服务	$C_{6t}=1.2008y_t+3.22$	$R_6=-0.9266$	$R_6^2=0.8585$
医疗保健	$C_{7t}=0.5381y_t+1.9536$	$R_7=-0.9749$	$R_7^2=0.9504$

注：y_t——第 t 年农村居民人均纯收入；C_{it}——第 t 年第 i 项支出占生活消费总支出的比重。

6.4 收入与消费相关性的启示

研究重庆地区农村居民收入与消费相关性的根本意义在于提高收入，促进消费。从上述收入与消费相关性的分析可以看出，收入与消费相关程度很高，二者相互促进、协调发展。而当前重庆地区农村居民整体收入水平低、增长速度慢、收入结构单一等问题仍然十分突出，已经成为摆在我们面前的最难解决的矛盾。要刺激农村居民生活消费增长，开拓重庆地区农村生活消费市场，就必须首先提高农村居民收入，只有收入增长了才能带动农村居民生活消费的增长。

7. 重庆市农村居民收入与
   消费增长缓慢的机理透视

近几年米，消费对经济的推动作用已成为人们关注的焦点。但消费的前提与收入有关，从经济循环的角度看，收入对投资与消费的影响巨大，如果收入没有与经济增长形成良性的同步增长关系，那么投资与消费的"双拉动"作用将会受到严重影响。

7.1   重庆市农村居民收入与消费增长缓慢的负效应

造成重庆市农村居民收入与消费增长缓慢的因素是多方面的，既有外在因素的影响，也有自身的原因。但不管何种原因，农村居民收入水平低、消费滞缓，都不利于重庆市农村全面建设小康社会目标的实现，而且将会从消费、生产及分配等多方面对农业、农村以及整个国民经济的持续稳定发展产生深远的不利影响。概括起来，这种不利影响主要表现在以下几个方面：

7.1.1   不利于农村居民生活水平的提高及经济发
          展的良性循环

收入水平和收入增速偏低会直接制约农村居民生活消费支出增

长速度的提高，进而影响农村居民生活水平的提高，这不仅不利
于调动和发挥人民群众的积极性，还会引起城乡之间和地区之间
收入差距的持续扩大，最终影响到社会稳定。

收入的多少决定消费需求的强弱，而消费需求是最终需求，对
投资需求的增长和国民经济的稳定发展起决定性作用。投资需求
具有"名为当期需求，实为下期供给"的两重性，只是一种相对
意义的"最终需求"，因此能否保持投资需求和国民经济的持续快
速增长，最终取决于居民收入水平的高低和消费需求的强弱。重
庆市农村人口占到了其总人口的三分之二，没有农村相应的消费
来推动整个地区最终消费需求的提高，投资形成的生产能力就不
可能得到充分利用，重庆市的国民经济也不可能实现良性循环，
反过来还会制约投资规模的进一步扩大。

7.1.2 容易形成消费断层与结构失衡，使潜在的大市场难以持续扩张

自从 20 世纪 90 年代以来，重庆市农村居民收入增长就呈现出
阶梯状态，高收入阶层与低收入阶层之间的差距呈扩大趋势，直
接导致了消费断层的产生。重庆有许多农村居民还只维持在基本
的温饱状态，这给重庆市企业产业结构的逐步升级与产品结构的
有序替代造成了困难，导致市场结构失衡。

经济发展的不平衡，导致了重庆与东中部地区之间居民收入差
距尤其是农村居民收入差距的不断扩大，而收入的分化又进一步

导致了居民购买力和实际消费水平的不断分化。这种分化使得中国巨大的潜在市场在较长的时期内难以得到充分释放。另外，也使高收入群体难以成为消费的主要推动力量。在目前贫富悬殊的情况下，极少数先富起来的人的消费力并没有人们预期的那么高。高档品、奢侈品虽然已经成为经常性消费内容，但其消费主要是到国外旅行、住高级宾馆和购买高级进口商品等，这些消费并不能解决目前许多商品的供大于求的问题。大多数消费品如彩电、洗衣机、冰箱、空调等，今后最大的销售对象应该是农村居民。

中低收入阶层特别是农村居民消费需求潜力大，但缺乏相应的购买力。对大多数中低收入消费者来说，经济实用的基本生活用品仍是消费主流。由此，消费市场出现了一种特殊分层：一方面，有购买力的消费者千元级、万元级的消费已基本满足；另一方面，低收入阶层（如农村人口和城市失业者）的购买力和消费需求尚需要逐渐成长。

7.1.3 延缓了农村居民消费结构升级的速度

从世界各国的经验看，当人均收入超过 1000 美元以后，随着收入上升而出现的消费结构升级换代是极其迅猛的，小康型的消费结构不同于过去的温饱型消费结构，而从小康型向富裕型迈进时还会增加许多新的消费领域。

重庆市农村作为一个巨大的潜在消费市场，要想得到尽早开拓和挖掘，就必须依靠农村居民消费结构的升级和换代来推动。从发展方向来看，要促进农村居民家庭进入 1000 元至 10 000 元的购买阶段，从基本生活必需品消费向中低档耐用消费品消费的方向发展。从当前的情况来看，重庆市农村居民还没有进入新的消费升级准备阶段。由于收入水平低和增速缓慢，购买力的积累和消费结构以及消费层次的提升需要等待更长的时间，短期内难以形成有力的扩张。因此，从开拓重庆农村生活消费市场的角度来看，农村居民消费结构的升级需要一个收入水平大幅度提高的过程。

7.1.4 影响全国统一市场的形成

重庆市农村居民收入过低所导致的与其他地区之间的消费差距，影响到全国统一市场的形成。农村住户调查数据显示，东部农村居民的消费水平已达到小康生活标准，中部温饱有余，西部地区农村居民则仍处于温饱线上。消费水平的差距使得区域之间农村居民的消费结构差异也比较大，从而使某些必需的耐用消费品在东部经济发达区域的农村市场上已逐渐趋向饱和，而在西部区域广阔的农村市场上却缺乏有效需求，这就使新兴耐用消费品的区域性传导及消费的地区间梯度转移出现梗塞，造成区域差别性市场之间的"断裂"。

7.1.5 重庆市农村居民内部收入差距将加大西部 农村市场的开拓难度

经过改革开放三十多年的发展，西部农村发生了很大的变化，社会财富总量有了很大的增加。然而，重庆市农村居民的生活水平，对于不同收入等级的居民而言，提高程度却有很大的不同。对于部分已经富裕起来的农村居民，他们的消费还存在一定的盲目性，并受到各种制约因素的影响。这部分农村居民并不缺钱，但是在消费上却不能享受和城镇居民一样的平等待遇，比如进城买房、子女进城上学等都受到一定的歧视和限制。另外，重庆市农村市场整体消费环境的落后在很大程度上也限制了这部分富裕农民的消费，使其消费水平与收入水平不相匹配。

7.1.6 对产业结构调整和升级有一定的限制作用

重庆市城乡之间以及重庆与东中部地区之间农村居民收入差距的扩大对经济结构的变化有负面影响。收入分配差距的拉大，使得高、低收入群体存在着消费断层，致使产业结构演进处于一种两难的局面。一方面，大部分人还停留在生存型的消费水平上，彩电、冰箱、摩托车等的消费远未饱和。另一方面，极小部分收入很高的群体，虽然有能力消费高档商品，但其市场规模非常有限。于是，一些产业能力过剩，但又不能退出市场，只好压价竞争，如彩电产业；另外一些产业如轿车产业尚未成长为主导产业，产业升级脱节，产业技术在低层次徘徊。第二产业的结构发展升级受到限制，又进而影响了第三产业和第一产业的发展。

总之，重庆市农村居民收入与消费水平偏低，不利于启动重庆市乃至全国的有效需求；重庆市与东中部地区之间农村居民收入与消费差距的扩大不利于社会稳定；农村居民收入与消费增长缓慢会对重庆市的经济发展产生不良影响；重庆市城乡之间和农村内部收入与消费差距的拉大有可能导致整个地区经济增长的波动。当前收入差距的扩大还可能带来一定的经济风险，影响消费的扩张，加剧经济秩序和社会秩序的混乱，加剧城乡经济和地区经济发展的不平衡，影响社会稳定，严重制约经济和社会的可持续发展。

7.2　制约重庆市农村居民增收的因素分析

7.2.1　工农产品价格剪刀差产生的负效应，农村居民增产不增收

中国实行的是以农养工的单极发展战略。新中国成立之初，中国仍是一个生产力发展水平极端落后的农业大国；从 20 世纪 50 年代初开始，中国在短暂的战后恢复阶段以后，进入了大规模的工业建设时期。在传统的工业化模式下，工业部门和农业部门都被置于国家计划的直接控制下，两大部门间的产品流动，主要不是通过市场交换去实现，而是直接由政府计划调配。为了推进工业化，农业部门承担起了为工业提供资金积累的重任，而这主要是通过工农产品价格剪刀差实现的。即一方面国家以低于农产品价值的价格收购农产品，另一方面又以高于工业品价值的价格向农民出售工业品，最终把农业剩余转化为工业利润，再通过严格控制工业部门的工资水平，把工业利润转化为财政收入。据统计，1950—1990 年，国家通过工农业产品价格剪刀差的方式，从农业部门提取的资金为 11 594 亿元，减去财政用于农业的支出，农业

部门为工业化提供的净资金达到了 1 万亿元,占国民收入全部积累额的 22.4%。这其中,尤以 1990 年为最,平均每个农业劳动力每年无偿提供的工业化资金达到了 266 元,占到了当年人均纯收入的 39%。

工农产品价格剪刀差政策的实施所带来的直接后果是:中国农产品价格一度低迷,即使部分农产品价格有所上涨,上涨幅度也很小,而农业生产资料和农民消费资料的价格却不断上涨,导致农村居民增产不增收。在个别年份的某些地方甚至出现了农产品价格低于生产成本价格,农业越是增产,亏损就越多。此外,由于过度剥夺农业,导致农业自身发展所需资金匮乏,使得农业发展迟缓、农业生产力低下,进一步制约了农村居民收入的提高。

7.2.2 城乡分割体制 ——农村居民收入增长缓慢 的制度性原因

为了保证从农业中获取稳定的工业化资金,从 20 世纪 50 年代后期开始,中国实行严格的户籍管理制度,把城乡居民划分为农业户口和非农业户口,限制农村人口向城市流动,并与城乡分割的劳动就业制度、副食品以及其他生活用品(如粮食、住房、燃料、水电)配给制度、国家统包的福利保障制度、流通制度和投资制度相结合,形成严密的城乡分割体制。这些制度的形成,人为地将城乡居民分割为两个社会地位和发展机会不平等的社会群体,造成城乡居民收入差距的扩大。

中国对城乡差距的人为划定以及"重城市轻农村"的政策导致了城乡分割的二元经济结构。而重庆市的二元经济结构更具特殊性，是典型的"双层刚性二元经济结构"。二元结构的形成与固化一方面使得农村居民进城的门槛太高、代价太大，另一方面城乡之间巨大的利益差异又诱使他们不惜冒险入城。而20世纪90年代末期以来，城市开始出现的大批下岗人员也面临着重新择业的问题。这就意味着城市就业形势更加严峻，农村居民打工的机会大为减少，农村居民的非农就业问题变得难上加难，农村居民收入增长速度长期在低水平徘徊。

7.2.3 农村居民处于弱势地位，收入来源少且负担重

对于在农村进行传统农业耕作的农民来说，长期以来，农民被数量微薄的土地所限，处于无序分散的地位。农民负担过重，"三乱"现象普遍存在。而对于在城市里打工的农民来说，由于没有城市户口，他们不能享受城市居民的福利政策，甚至连子女受教育的问题都处于一种不平等状态，农民工在城市里处于城市的最底层，他们是城市里的弱势群体。

从收入分配角度来看，长期以来，农村居民被排除在再分配政策的范围之外，政府的再分配政策只是在发生意外情况时才会考虑到农民的利益，而对于日常的经济活动和农村居民正常的收入情况，则没有作为再分配政策的内容。当前农村居民的收入水平

低下，出现了城乡收入差距扩大和整个社会收入差距扩大的突出问题。由于农业始终是处于弱势地位的产业，农村居民也是弱势群体，要通过市场规律的作用和力量来改变这种情况，将是一个漫长的过程。而通过政府的再分配政策，能够在短时期内收到良好的效果。

从公共产品供给角度来看，市场经济条件下，政府的职能亡要是向公民提供公共产品（服务），为私人产品的生产创造良好的社会环境。对地方政府而言，应该为农村居民提供更多、更好的地方性公共产品（服务），比如农村社会治安，乡村发展规划，农田水利设施、农村道路、电网、通信、广播等基础设施，农业科技及信息，农村基础教育及公共卫生服务等。其中有些公共产品可以按照受益原则有偿提供，而那些同时兼具非竞争性和非排他性或者外在效益显著的公共产品则应该由政府免费向农民供给。但实际上，即便是诸如义务教育、民兵训练、计划生育、优抚、乡村道路建设之类的项目，都是由农村居民自行买单的。许多在城市属于政府无偿提供的公共产品在农村却转变成收费服务或经营性项目。

从社会保障角度来看，具有城市户籍的居民在就业、收入、养老、社会福利、子女上学等方面都享有优惠待遇，而具有农村户籍的农民就被限制在土地上，即使能进城打工，也受到一系列的限制和不同程度的歧视。城乡间人口流动的梗阻，使城市人均占有资源总量快速增加（城市经济扩张速度快于人口增长速度），而农村人均资源则很难增长（农村经济扩张能力差，人口基数庞

103

大）。农业不得不以较少的产值承载了过重的就业压力，这导致劳动生产率长期低下。

从财政支农角度来看，农业的弱质性和它在国民经济中的重要地位客观上要求国家及各级财政加大对农业的投资力度，支持那些投资大、周期长、风险高，但外在效益显著的项目（如农村基础设施建设、农业科技研发和推广、生态环境保护等），以弥补市场机制在资源配置中的缺陷，增强农业的竞争力。然而长期以来，政府对农村的财政支出不仅有限，而且出现相对下降的趋势。2000—2010 年，基本建设投资中农业的比重由 9.3％下降到 7.0％，财政支出中支农资金的比重由 12.2％下降到 7.8％。2000—2010 年，财政支农资金占农业总产值的比重平均为 6.7％，低于发展中国家 10％～12％的水平，更低于发达国家 30％～50％的水平。尽管近几年国家在农村电网改造、基础教育和公共卫生等方面增加了投入，但仅仅是恢复性增加，是弥补欠债，城市偏向的总体格局并未得到根本改变。

7.2.4 区域发展政策不平衡

区域作为国民经济大系统中的子系统，其经济发展必然受到国家经济政策的影响。国家从全局出发制定、实施的经济政策对各个区域的影响是不尽一致的。这样就造成了各个区域之间经济政策环境的差异，进而各区域在国家经济总体发展过程中所得到的机会与收益也就不一样，其经济发展速度也就各异，由此引致了区域经济差异的产生。

7.2.4.1　向东部地区倾斜的政策

1978 年改革开放以后，中央政府开始对经济资源配置和地区发展政策做相应调整，总体上实施"非均衡布局战略"。在对外开放政策、财税政策等方面均利于东部沿海地区的发展，从而加快了东部地区的发展速度，区域经济发展差距逐步拉大。

从发展角度上看，这种梯度发展的战略是符合中国国情的，是对起飞阶段初期发展战略的理智选择，为今后西部和中部地区的进一步发展创造了物质基础，积累了丰富的经验。但是，由于这一倾斜政策使得东部地区快速发展，目前留给重庆市和中部地区的发展空间就比较小了，加上重庆市和其他中部省区并没有享受这些优惠政策，而且其经济基础本来就比较差，因此必然会导致地区间经济发展和收入水平的差距。如果政府不采取有效措施提高落后地区的收入水平，在积累循环因果的作用下，收入差距会持续扩大。

7.2.4.2　财政体制改革和物价改革

中国 1980 年、1985 年、1988 年在财政体制改革中引进了承包制，这种体制十分有利于沿海地区，导致地方财政收入大幅增长，而重庆市和其他中部省份在这方面的受益远不如东部沿海省份。

物价改革主要是从 1985 年开始的，当时采用的是价格双轨制，分为横向价格双轨制和纵向价格双轨制。总的来看，基本农牧产

105

品和原材料价格偏低，工业产品价格偏高；在工业品内部，加工
工业产品价格偏高，重工业品价格偏低；在重工业品内部，加工
工业产品价格偏高，采掘工业产品价格偏低。重庆市资源、原材
料丰富，但加工深度不够，主要进行采掘业、采伐业、原材料工
业和水电能源工业以及农牧产品的初期加工，所以重庆市的输出
以工农业初级品和原材料为主，反过来再从东部地区输入加工品。
其结果是，重庆市通过输出人为扭曲的低价能源、原材料等初级
产品，有力地支持了东部和内地发达地区经济的高速增长，而输
入的高价制成品又把重庆市创造的部分价值带到了东部地区，从
而使东部沿海省份的工业利润快速增加。这种情况进一步带动了
东部当地农村工业（主要以轻工业和加工制造业为主）的发展，
农村居民获得的工资性收入增长迅速，反过来又继续拉大了重庆
市城乡居民之间的收入差距。

7.3 制约重庆市农村居民消费的因素分析

农村居民的消费需求除了受农民的可支配收入水平、宏观经济
发展、农业发展、消费品的价格水平等市场因素的影响外，还受
地理环境、民族风俗、传统文化、消费观念及教育水平等非市场
因素的影响，其中人均纯收入水平高低是决定性因素。

7.3.1 收入对消费的制约

根据微观经济学的消费决定理论，在供给充分的情况下，主要

由需求决定消费额。而需求的决定因素又主要是消费者的收入水平和消费价格，在消费价格变动不大的情况下，收入就成为消费者需求和消费行为的主导因素。农村居民收入不仅影响农村居民的总体生活消费水平，而且直接关系到农村居民消费结构的合理化。不仅是当年收入，而且上年收入及预期都在很大程度上影响着农村居民生活质量的提高与消费点的选择。更具体地说，农村居民收入主要从以下几个方面制约农村居民消费结构的优化与消费水平的提高。

7.3.1.1　农村居民收入增速减缓，大大制约了农村居民生活消费支出的增长速度

农村居民收入快速增长的时候，消费支出也随之快速增加；相反，收入增长缓慢的时候，消费支出也随之减少。1978—1985 年是重庆市农村居民收入快速增长时期，实际年增长率达到了11.3%，这一时期西部农村居民的生活消费支出也快速增长，实际年增长率为 8.3%；1989 年，重庆市农村居民实际人均纯收入首次出现了负增长，为 -3.1%，当年实际人均生活消费支出也出现了负增长，为 -1.2%；2000—2004 年，重庆市农村居民收入开始反弹回升，实际年增长率为 5.98%，同期生活消费支出也呈现出复苏性增长的势头，实际年增长率为 5.36%。

此外，收入增长快慢还决定了消费潜力的大小。通常，消费潜力并不取决于消费者还没有消费什么，而是取决于消费者在满足消费结构后的剩余大小，可以用农村居民人均纯收入减去农村居

民人均生活消费支出后的剩余来反映消费潜力。从人均消费剩余来看，2010 年东部地区为 1203.2 元，重庆为 421.9 元。若以四口之家为例，东部地区农村家庭一年的平均消费剩余为 4812.8 元，而重庆市农村家庭一年的平均消费剩余仅为 1687.6 元，这就使得重庆农村居民的消费层次与东部相比拉开了距离，东部地区农村家庭积累 2~3 年，便有能力消费万元级的高档耐用品，而重庆市农村家庭积累 2~3 年仅能消费几千元的中档耐用品。

7.3.1.2 城乡居民收入差距过大，是形成城乡居民消费水平断层的主要原因

重庆市城乡居民收入的过大差距是城乡居民消费水平迥异的首要因素。与城镇居民相比，自改革开放尤其是 20 世纪 90 年代以来，重庆市农村居民的收入增长速度在绝大多数年份都低于城镇居民的收入增长速度，致使重庆市城乡居民收入差距呈现不断扩大之势。1990 年，重庆市城乡居民收入之比为 2.51：1（以农村居民人均纯收入为 1，下同），2000 年时为 3.30：1，2005 年进一步扩大到 3.74：1。2005 年，重庆市农村居民人均纯收入为 1936.0 元，仅相当于城镇居民 1991 年时的收入水平。相隔十几年的收入差距更使城乡居民的消费水平存在着巨大的差距。1990 年，重庆市城乡居民生活消费支出比为 2.43：1，2000 年时为 3.42：1，2011 年达到了 3.33：1，不难看出，城乡居民的消费差距比收入差距还要悬殊。

7.3.1.3 与东部地区农村居民收入差距的扩大，制约了重庆市农村居民消费水平的提高和消费结构的改善，使新兴耐用消费品的区域性传导及消费的地区间梯度转移出现梗阻

改革开放之初的 1980 年，东西部地区之间农村居民收入差距并不大，为 1.27：1（以西部地区农村居民人均纯收入为 1，下同），到了 1990 年二者的收入差距扩大到了 1.59：1，2004 年差距进一步扩大到 1.91：1。随着收入差距的扩大，东西部地区之间农村居民的消费差距也逐步扩大，由 1980 年的 1.25：1 扩大到 2004 年的 1.67：1。相对于消费水平的差距，西部地区与东部地区农村居民间消费结构的差异更加明显。2002 年，东部地区农村居民的恩格尔系数已降至 43.3%，进入了发展享乐型消费阶段，而西部地区农村居民的恩格尔系数仍高达 52.2%，处于低水平温饱阶段。此外，消费水平的差距使得区域之间农村居民的消费结构差异也比较大，从而使某些必需的耐用消费品在东部经济发达区域的农村市场上已逐渐趋向饱和，而在西部地区广阔的农村市场上却缺乏有效需求，这就使新兴耐用消费品的区域性传导及消费的地区间梯度转移出现梗阻，造成区域差别性市场之间的"断裂"。

7.3.1.4 农村居民内部收入分配差异，制约了绝大多数低收入水平的农村居民的消费

在重庆市农村内部，高收入组人口数量虽然非常少，但其总收

入占人口总收入的份额却不少。这种收入分配的不均衡，导致财富相对集中在少部分人手中，绝大部分低收入水平的农村居民消费力比较低。目前，极少部分的农村居民家庭已经拥有了空调、汽车等高档耐用消费品，而大部分农村居民家庭则停留在刚刚解决温饱的阶段，有的甚至连解决温饱都还比较困难，更不用说购买耐用消费品了。

7.3.1.5 收入增势及经济形势使农村居民对能否持续增收存有疑惑

2010 年，重庆市农村居民增收幅度达 6.2%，这是自 1997 年以来增幅最大的一次。但随着各项惠农政策的逐步到位，农副产品的价格上升空间有限，今后，农村居民持续增收的压力仍然存在。这一方面表现在人多地少的矛盾正在加剧，使得农村居民很难从土地上获得规模收益；另一方面目前农村居民进城就业的环境还比较差，转移农村劳动力的形势仍然非常严峻。此外，作为解决"三农"问题出路之一的科技兴农还面临许多困难，如农业科技成果的转化率低，农业科研教育和推广体系不畅等。这些问题绝非短时间内就能解决的，因此，农村居民对持续增收的预期并不太高，进而大大降低了其消费热情和当前的实际购买力。

7.3.1.6 重庆市农产品商品率低，导致增收指标中的很大一部分并不能转化为有效的消费需求

统计部门在计算农村居民收入时，把所有农产品，包括未转化

为商品的自食自用的部分计算在内，而只有已经转化为成商品的那一部分农产品才能变成现金，形成有效需求，自食自用部分则不可能转化为现金，形成有效需求。所以，虽然近两年粮食收购价格已经较以前出现了较大幅度的上涨，按照当前的计算方法，重庆市农村居民的收入也增加了不少，但因重庆市的粮食商品率低，农村居民手中的现金收入并没有增加很多，因而实际购买力并不高。

7.3.2　农资价格上涨导致农村居民生产性支出增加，进而挤占了生活消费支出的增长

自 2002 年以来，农资价格一直处于攀升态势，尤其是 2004 年农资价格出现了较大的上涨（农业生产资料指数为 110.6，以上年为 100），致使农村居民用于生产性的支出较往年出现了明显增加。根据《中国农村住户调查年鉴 2010》中的统计数据，2011 年重庆市居民家庭经营性费用支出为 1571.89 元，较 2010 年增加了 354.04 元。由于农业生产资料投入基本为现金投入，所以用于生产性的现金投入增加了，相应的能够支配的生活消费现金就少了，农村居民的消费需求自然也就受到了一定程度的抑制。

7.3.3　农村消费环境差直接制约了重庆市农村居民消费水平的提高及消费结构的改善

重庆市农村整体消费环境比较差，甚至滞后于农村居民的现实

购买力。

一方面，农村市场供给环境差。重庆市农村的有效需求本来就少，而满足有效需求的条件又太差，更不利于激发和调动农村居民消费的欲望。具体表现为：①农村总体市场规模小，销售网点缺乏布局规划，商品品质结构和品种结构缺少多样性，既难以满足绝大多数农村居民经济实惠的消费需求，也无法满足部分富裕农村居民购买"名、优、新"产品的消费欲望。同时售后服务也跟不上，使农村居民不敢消费。目前，在重庆市很多地方的农村都可以看到商店，数量虽然不少，但条件很简陋，商品数量较少，种类不齐全，商品的质量也难以保证，假冒伪劣产品较多（根据商务部 2010 年对全国一万户农村居民进行的问卷调查，75％的农村居民都买到过假冒伪劣产品）。而且因为进货量小，规模、单位经营成本高，商品价格并不便宜，与城市里琳琅满目、较有保障、价格又便宜的超市根本无法比较。当地农村居民即使有钱，也很难买到满意的商品，因此他们的消费意愿不强烈。如果真正想买点东西，往往还要到城里去，如果没有时间进城，消费就无法实现。②缺乏适销对路的商品，新的消费热点难以形成。由于长期以来，生产者并没有将农村作为重要的市场，许多工业企业的产品开发都是以城市市场为中心的，多数商品的品种、功能、价格不能适应农村居民的消费需求，缺乏能刺激农村居民进一步消费的代表性产品。同时，农村最需要的优良种子、农药、化肥以及农副产品加工和存储设备等方面的新产品也相对不足。因此，农村的消费热点难以形成，农村居民本来就很有限的购买力难以得到充分发挥。

另一方面，社会环境及基础设施落后，如交通、供电、供水不足等因素，在一定程度上也限制了农村居民消费欲望的实现。近几年，重庆市农村水、电、路、通信等基础设施较以前虽然有了很大的改善，但整体水平仍然很差，普遍存在供水困难、交通不畅、电视信号覆盖率低等问题，制约了农村消费需求。另外，由于消费成本高等原因，一些先富裕起来的农村居民即使购买了某些消费耐用品，往往也处于闲置状态，如电冰箱、洗衣机等家电产品。

此外，城镇化水平太低，也在一定程度上制约了重庆市农村居民的消费。国际经验表明，城镇化率在从 40% 到达 50% 的时候，也是消费需求急剧扩张的时候。2000 年，重庆市城镇化率仅为 27.7%，比全国 36.2% 的平均水平低 8.5 个百分点。过低的城镇化率，再加上农村交通不便、商品品种少、质量差、价格高，使得重庆市农村居民整体消费环境差。从我国 2000—2010 年公路里程的增加量来看，东部地区增长了 31%，中部地区增长了 16%，而重庆市只增长了 11%。农村消费环境差，致使重庆市农村居民在现实消费时，不仅要付出比城镇居民更高的成本，还要在收入水平较低的情况下面临比城镇居民更差的消费环境。再者，农村居民消费时选择余地小，在买卖双方中处于劣势地位，这些都在某种程度上抑制了重庆市农村居民有效消费的实现。

7.3.4 农村居民消费观念陈旧，消费结构不合理

消费观念是影响农村居民消费的一个"无形"因素，它是在传统文化、民族习俗、信仰道德等因素的长期作用下形成的，恰似一道防护网隔在消费者与商家之间，在一定程度上作用于消费者选择的"5W"。重庆市地理环境比较偏僻，信息闭塞，农村居民受教育程度低。加之重庆市民族地区较多，而各民族又都有自己的传统消费习惯和消费心理，如传统的勤俭节约、隔代消费等习惯，这些习惯已深深地根植在他们心中，不易改变。

总的看来，长期的自然经济和弱质农业的土壤培养了重庆市农村居民相对保守陈旧的观念，消费预期心理和预期收支趋紧，即期消费观念不强，导致农村消费领域不宽，消费层次不高。与此同时，农村的盲目性、愚昧性消费却依然存在，有些农村居民在婚事嫁娶上大操大办，攀比性消费日趋严重。这种不合理、不健康的消费加重了农村居民的隐形负担，形成了农村生产、收入、消费不协调的怪圈。通过下面一组数据，能更清楚地说明这一问题：1985年，重庆市农村居民人均生活消费支出中居住支出的比重为14.17%，1990年上升为14.3%，2000年略微降低了一点，2005年为14.8%，2007年为15.27%，2010年为15.3%，2011年为12.35%。由此我们可以看出，居住支出在重庆市农村居民生活消费支出中的比例长期居高不下，不论是生活非常贫困还是生活比较富裕时，居住支出一直是重庆市农村居民生活消费中除食品支出之外的第二大支出。不仅如此，居住支出的上升速度还快

于生活消费支出的增长速度。1985—2011 年，重庆市农村居民人均生活消费支出由 275.81 元增加到 4502.06 元，年均增长 11.34％，而人均居住支出由 37.79 元增加到 555.81 元，年均增长 10.89％。

8. 拓展重庆市农村生活消费市场的对策

构建重庆市农村生活消费市场"金字塔模型"（见图8—1），从增加农民收入，扩大消费需求、改善农村消费市场环境、创新商品流通体系、构建完善的金融支持体系、积极培育农村市场、促进农村居民消费等方面，提出拓展重庆市农村生活消费市场的系列对策。为开拓重庆市农村生活消费市场，发展完善农村生活消费市场提出科学性、有针对性和可操作性的对策措施及配套政策。

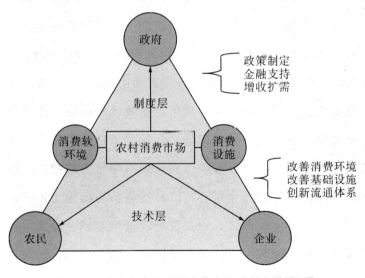

图8—1　重庆市农村生活消费市场"金字塔模型"

8.1 增加农民收入，扩大消费需求

重庆市农民收入水平的提高是消费结构升级和消费规模扩大的直接动因，也是产业结构升级的最终决定力量，因而通过增加农民收入来提高农村消费结构水平是优化产业结构的主导方向。要培育消费热点，就必须设法提高农民的购买力水平，建立稳定有效的收入增长机制，并建立合理的收入分配机制，扩大中等收入阶层的比重。此外，缩小重庆市城镇与农村居民内部的收入差距，也是形成消费热点的基础。减少收入差距，促进总消费需求，首先要增加农村居民低收入者的收入；其次要扩大中等收入群体并增加其收入；最后对高收入群体，要治理其不合理、不合法的收入，加大所得税征收力度。另外，要调整重庆市农民收入分配结构，在坚持效率优先、兼顾公平的原则下，制定出合理的收入分配制度，调整税收政策，解决居民收入差距不合理扩大等问题。

增加重庆市农民收入可以从多个方面出发。首先，要创造良好的重庆市农民增收环境，改善重庆市宏观调控政策，推动我市农村经济体制创新，充分发挥市场机制的调节作用。其次，在重庆市农村经济内部入手，以重庆市农业结构调整为基础，以提高重庆市农业综合生产能力为核心，以科技创新与运用为抓手，以农业产业化为重要实现方式，为农民增收铺垫基础。最后，在重庆市农业外部开拓增收渠道，深入挖掘收入增加潜能，比如，完善重庆市农民工的工资体制，发展重庆市农村的第二产业和第三产

业等。

目前，农民收入的绝大部分仍然来自家庭生产经营活动。由于目前重庆市农户的家庭生产经营方式还很落后，多数农产品均因成本高、品质差，很难进入市场获取高收益。对此应有如下对策：①通过农业产业化等形式将农户与市场紧密相连，由市场引导生产。②加快农业科学技术的普及，通过科技含量的提高带动生产效益的增加。加快重庆市农村产业结构调整，提高生产要素效益。③抓住机遇，不断地使农业向广度和深度发展。④发挥重庆市场机制的作用，引导和帮助农民大力发展多种经营，大力发展优质、高生产、高效率的农业，大力发展农产品加工业。⑤加快引进、选育和推广优良品种，开发高附加值的特色农产品。⑥通过提高农产品的科技含量使农业增长真正转移到依靠科技进步和提高农业劳动者素质上，进而提高农业资源利用效率和投入产出率，最终达到提高农民收入的目的。

扩大就业门路，拓宽增收渠道。增加重庆市农民收入和充分利用剩余劳动力是密不可分的。在发展重庆市乡镇企业和推进城镇化之外，也不能忽视农民家庭经营的作用。要利用农村和农业结构调整的机会，在资金、技术和市场等多方面给予农民切实的帮助，使剩余劳动力在家庭内部得到安置。同时，要加强对农民的职业技能培训，增加农村剩余劳动力的就业机会。

8.2 改善农村消费市场环境，促进消费市场发展

2010 年重庆市农村恩格尔系数下降到 49.5%，开始进入小康生活水平，消费结构继续优化。因此，为了尽快促使消费升级，在物质消费方面，除了继续改善重庆市农村基础设施，包括供电、供水、有线网络的建设和道路的创建与改善等，还应在农产品的促销、供给方式、供给制度等方面进行较大的改革和创新；在文化消费方面，除了教育消费外，文娱与旅游消费方面还有着巨大的消费潜力。农村外出旅游人数也在增加，如果利用农闲对农村旅游加以组织、引导，定会出现农村旅游热潮，成为拉动重庆市农村消费经济的一大突破口。

引导重庆市农民树立正确的消费观念，改善农村生活消费环境。要引导农民克服不良生活消费习惯，建立科学消费意识，改变保留大量现金的习惯，全面提高农村生活消费层次。农村生活消费环境的严重滞后，制约着农民生活消费支出的扩大，也影响了农民生活消费的积极性。因此，应加强农村基础设施建设，切实改善重庆市农村生活消费环境。同时，扩大重庆市农村生活消费信贷业务，引导农民自觉投入农田水利基本建设，改善投资和融资环境，开拓重庆市农村生活消费市场。

强化政府行为，优化重庆市社会环境、制度环境与技术环境。通过政府行为直接对重庆市农村生活消费环境施加影响。首先，加强重庆市农村消费市场管理，采取更多的便民措施，严厉打击

假冒伪劣产品经营者，保护农民生活消费利益，提高农民消费信心，增加农民消费欲望。其次，进一步完善重庆市集市贸易和商品网络的建设，确保有规模较大、品种齐全的商场，要做到村村有网点，为农民生产生活消费提供更便捷的条件。最后，还要有计划有步骤地降低农村各种税收，促进农村商业繁荣、消费旺盛。

8.3 扩建农村消费热点

在经历了传统的基本生活消费、改善生活电器普及和消费后，经过了几年的购买力积累，重庆市的消费形态正逐步向发展型和享乐型消费转移——以住房、汽车、移动通信设备、旅游、娱乐为主的新消费浪潮正在蓬勃兴起。居民消费一旦升级到以"住"与"行"为主要内容的阶段，消费结构升级对产业结构调整和经济增长所产生的势能是持久强大的。因为产业结构是由需求、以技术为主的供给和比较优势等几方面因素共同决定的，而消费需求决定着产业结构调整的方向，是产业结构调整的强制力量。为满足消费热点条件要求，重庆市农村消费市场扩建热点选择应集中在下列几个方面：

（1）住房消费

人们在温饱问题解决后，在向小康水平和比较舒适的生活过渡的进程中，首先要解决的就是农村住房问题。住房正在成为农村居民的消费热点。农村居民当前最迫切的需要就是进一步改善住房条件。当前，重庆市农村居民住房的满足程度还比较低，低于

2012年同期全国平均水平。但根据对农村居民住房消费的发展分析可得，重庆市农村居民在居住上的边际消费倾向一直在上升。因此，随着住房商品化进程的不断加快，居民用于购房方面的支出还会大量增加，农村居民逐渐富裕后也会继续改善居住条件。通过农村居民消费热点的扩建不仅能带动房地产市场的回升，也能推动建材、装饰装潢产品、家具电器设备等商品的销售，扩大需求。

（2）信息消费

信息消费、网络消费正在成为重庆市农村扩建的消费热点。未来社会是信息社会，现在人们越来越认识到知识经济对经济发展和社会进步的重要作用，而现代知识经济主要是信息经济，以信息技术为核心的电子信息产业，是新兴的高科技产业，具有很高的关联度和附加值，能带动机械、电器、新型材料等十几个产业的发展，又能很快适应消费的时代浪潮，进而提高消费层次和质量。信息消费具有巨大的潜在市场需求，它对激活整个消费市场都是有很重大的意义的。可以预计，信息消费将不断升温，成为一个新兴的，很有发展前途的消费热点，这是社会发展的必然趋势。要培育信息消费热点，首先要创造消费的条件，就网络消费而言，目前重庆市农村的宽带市场热浪滚滚，重庆电信、重庆网通等都在这个市场运作着。虽然宽带网的前景非常好，但因为现在整个市场尚处于建设期，存在不少问题，比如出口宽带小、网费比较高等，极大地制约了农村网络消费的发展。只有重视重庆市农村网络信息消费并解决这些问题，才能有效地培育信息消费热点。

（3）文化教育消费

文化教育消费主要指农村居民消耗教育产品的费用支出，现在消费最主要的倾向是文明消费和科学消费，为适应这一要求，必须增加教育消费。从消费本身看，由于现代科学技术不断渗透到消费的各个领域，使人们的消费对象、内容和方式都发生了巨大的变化，不具备一定科学文化知识，就无法享受现代科技带来的丰硕成果。特别是在知识经济时代及我国加入世界贸易组织（WTO）以后，农村居民消费日趋智能化和国际化，知识、智力已经成为成败的决定性因素。而要获得知识、发展智力，必须发展文化教育事业，提高农村全民科学文化水平。在重庆市农村，劳动力质量的提高对经济增长的贡献远大于劳动力数量增长所带来的贡献。从消费领域来说，发展文化教育消费，也是提高消费力、提高消费层次和质量的关键。从低收入到高收入家庭，重庆市农村居民在教育上的消费比例和边际消费倾向都很高，几乎所有家庭在教育上的投资都是一掷千金。今后，随着广大农村居民对文化教育重要性的认识不断提高，文化教育消费在消费结构中的比重将不断提高，成为人们消费的热点，这是社会发展的必然趋势。

（4）旅游与健身娱乐消费

当前，旅游消费正在升温，成为新的经济增长点。旅游消费是一种精神文化消费，它的消费对象是一种特殊的商品，即旅游产品。借助于这种产品，人们从中获得感观上、精神上的满足和享受。随着人们收入水平的提高，人们愈来愈追求情操的陶冶和消

123

费质量，追求旅游和生态消费，这是今后持久发展的趋势。近几年居民的旅游消费还呈现出向多样化、多层次化发展的趋势。以前出去旅游，主要是游山玩水，增长见识。现在生态旅游、文化旅游、科普旅游、探险旅游等多种形式的旅游都很受消费者欢迎。发展旅游消费，不仅能大量增加收入，而且能促进产业结构的升级和优化。旅游业的产业关联度大，旅游包括"行、游、住、食、娱、购"六个方面，发展旅游消费，能带动商业、餐饮业、娱乐业、交通运输业等一系列产业的发展，能优化产业结构，促进经济增长。目前重庆市农村旅游消费市场越来越大，随着居民收入的不断提高以及休闲时间的增加，人们要求提高消费层次，提高生活质量，国内旅游将越来越旺。加之重庆旅游资源极为丰富，对国外游客也很有吸引力，旅游消费的需求量很大，旅游消费市场的前景非常广阔。由于旅游业投资少、见效快、产出大、吸引劳动力多，发展旅游消费对经济增长，较发展其他消费而言具有明显的优势和巨大的作用，因此，它是最有发展前途的新兴产业。

（5）家用设备消费

重庆市农村居民"吃"和"穿"的需求已经基本得到满足，必将转向"用"的需求。农村居民消费结构的升级，首先表现在对家用设备的需求上。目前，农村居民家庭电器设备的数量虽然有了很大幅度的增加，需求的愿望也很强烈，但普及率比较低。其次，对其他的一些高档耐用品的需求量也在不断增加。重庆市农村是一个具有很大潜力的市场，必将成为"用"品的一个极为广阔的消费市场，因此，耐用消费品的消费将是农村居民的又一个消费热点。

8.4 改善农村商品流通体系

加快重庆市农产品超市建设，加大重庆市城乡双向流通。解决好重庆市农产品的流通问题对于改善重庆市当前农村流通服务体系有着不可估量的作用。开展重庆市农产品超市的建设，将农产品流通连锁化，是当前农村连锁发展的重要部分。农产品超市能够直接与消费者接触，并且由超市专业营销人员负责，就能够比传统农业生产者更直接地接触和体会到消费者的需求，这样就可以对农民的生产起到良性循环的引导作用。此外建立农产品超市也会对农产品的加工标准化产生助推作用。重庆市农产品超市的出现将会使得优质农产品能够得到优价，超市可以对农产品的不同等级或者级别进行分类、分级，这样有助于给消费者更大的选择范围与空间，也促进了重庆市农产品的深加工和农产品包装业的发展。

建立"重庆市农村一网多用服务体系"，提供各项服务。在重庆市建立起农村流通服务体系网络后，不应仅仅局限在商品流通上，应该充分利用网络资源连接重庆市各城镇的优势资源，统筹规划，利用重庆市农村流通体系将更多的资源，从城市带到农村，促进重庆市农村发展。"重庆市农村一网多用服务体系"主要体现在：第一是收购重庆市的农副产品，流通企业通过重庆市农村的零售网点把农产品收购进城，解决农民买卖困难的问题。第二是

125

搭建综合服务平台，以农村日用消费品流通网络建设为平台，建立集生活消费品与农副产品收购等于一体的综合购物网络区，从而带动重庆市农村物质文明与精神文明建设的全面发展。第三是推动重庆市农副产品创建自有品牌并进超市。这样将有利于将质量优良的农产品送下乡，方便农民购买，也有利于增加农家店铺为农服务的能力，提高盈利水平。

建立和发展重庆市信息化程度高且有效率的物流配送体系。现代连锁经营实际上是一种由总指挥部、销售、配送服务三部分组成的分工体制。但是作为后台支持的物流系统，它的重要性被许多流通连锁企业所忽略。一个连锁品牌不断扩张的关键，不仅仅在于有足够的资金和财力，更重要的是要有一个能支持其扩张的商品物流系统。尤其面对中国西部广阔的农村市场和地理环境，建立和发展信息化程度高且有效率的物流配送体系更成为各连锁企业的核心竞争力。重庆市有很多乡镇、村庄，由于历史和地理原因，一些村与村之间的距离很远，交通也很不方便，这在客观上导致重庆市的流通企业布点很分散，配送成本也相应较高。在重庆市据推算，到乡村开店的配送成本比在城市开店高出两成以上，在农村与城市投资的等额投资比例约为 1：3。当前在重庆市农村连锁经营发展中，配送中心运作效率较低，规模也较小，难以与各连锁店之间进行统筹规划等。因此，重庆市物流配送体系的建设关键就是信息化程度，建立自己的信息供货系统，协调好与供应商之间的信息交流，使配送及时、提高配送效率。

8.5　化解流动性约束对农村居民生活消费的制约

资金供给不足是制约重庆市农村经济发展的重要因素。发展适合重庆市农村经济状况的金融支持体系，对于扩大重庆市农村生活消费市场具有十分重要的促进作用。包括以下内容：给重庆市农民提供合理适当的金融信贷，缓解农村生活消费资金受挤压的困扰。推动重庆市农村金融体制的改革和创新，建立有利于重庆市农村生产和消费的资金融通体系。

发展重庆市小额信贷。小额信贷的发展为重庆市的农民生产和生活消费提供了充盈的资金补充，缓解了农民生产和生活缺乏金融服务的状况。首先，应该加快建立与完善重庆市农村小额信贷管理法律和法规，确定重庆市民营小额信贷机构适当的法律地位，引导和鼓励其良性、健康发展。其次，在法律上确定民营小额信贷的合法性以后，重庆市政府通过相关政策的制定或商业银行，把资金借给符合条件的小额信贷机构，最终把钱借给农民，通过制定相关政策，吸纳各方面优良资金加入到重庆市农村小额信贷中，充裕资金实力，提高信贷管理水平，扩大重庆市农村小额信贷的服务范围，最大力度地提供支持重庆市农民生产和生活消费所需要的资金。

改革重庆市农村信用社在扩展农村生活消费市场中的作用。大型商业银行退出重庆市农村以后，农村信用社就成为农民借贷活动的最主要的金融机构。通过确立重庆市农村信用合作社的发展方

127

向，加快重庆市农村合作金融的法律法规，减少农村信用社的多元化目标。重庆市农村信用社不仅要发展小额信贷，同时也要根据条件发展农村生活消费信贷，提高我市农村居民的生活消费水平。

探索与发展重庆市农村非正规金融。非正规金融其实是正规金融的重要补充，特别是针对重庆市农村经济和农民信贷需求而言，农民并不善于或不喜欢从正规金融机构贷款消费，而是更多地从非正规金融中获取资金，特别是生活消费方面的资金，这也导致了非正规金融中消费信贷有着广阔的发展空间。首先，还是应该规范非正规金融的发展与立法。其次，允许在重庆市比较落后、交通不便的农村和山区，发展和推广社区基金或社区性金融机构，满足重庆市广大农民小额且频繁的生活消费开支需求。

8.6 建立多元化、多层次的农民社会保障制度

以新型农村合作医疗和农村最低生活保障制度为重点和优先目标，全面推进重庆市农村社会保障事业发展。一要加快推进新型农村合作医疗制度建设。二是在"十二五"期间全面推行农村居民最低生活保障制度。各地要在原农村社会救助的基础上，在先行试点的情况下，全面建立农村居民最低生活保障制度，力争在2013年全面覆盖全体农村居民。要明确保障范围，切实保障农村特困人员的基本生活；要逐步提高保障水平，在保障水平各异的情况下，实现城乡低保制度的基本统一，到2020年建立城乡统

筹、保障有度、全面覆盖的城乡居民最低生活保障制度。

积极创造条件，逐步建立重庆市农村社会养老保险制度。尽管农村低保和合作医疗制度是重庆市农村社会保障制度建设的优先目标，但农村社会养老保险制度也不能徘徊和等待。要针对农村人口老龄化和农村老年人口贫困风险日益加大的情况，加紧改革和完善农村社会养老保险制度；要在总结前段农村社会养老保险制度建设的基础上，进一步完善制度模式，在重庆地区实行政府补贴的农民个人账户模式；要扩大筹资规模，明确政府对农村社会养老保险的财政补贴责任，实行农民个人自愿缴费、各级政府给予增值承诺和利率补贴的筹资机制；要努力实现农村社会养老保险金增值、增强基金的保障能力；要进一步加强基金管理，确保基金安全；到 2020 年，要在重庆市农村初步建立较为完善的农村社会养老保险体系，使这项制度覆盖所有农村居民。

资金不足是重庆市农村社会保障的核心问题之一。要从根本上解决这一问题，创新和拓展融资渠道很有必要的，应采用多种形式拓宽重庆市农村社会保障资金的筹集渠道。首先，重庆市财政要适当调整财政支出结构，提高社保资金支出比例，加大对农村社保资金的投入，同时还要明确各自的责任和投资分配比例。其次，可以采用重庆福利彩票、体育彩票等形式发行社会保障彩票，向社会公众广泛募集资金。最后，开征重庆市社会保障税。作为一种附加税，其是相对比较固定的筹资渠道，还可以大大减轻重庆市政府面临的财政压力。征收社会保障税是许多发达国家和部分发展中国家的成功经验，这种税收已成为仅次于所得税的第二大税类，在筹集社会保障资金方面发挥着独特的作用，也是必要和可行的。

根据重庆市地方民情调整社会保障的侧重点。重庆市农村人口众多，处于西部贫困地区，特殊的地域环境要求我市在建立和发展社会保障制度时，应仔细考虑侧重点，设计出适合重庆市的农村社会保障制度。首先，建立重庆市最低生活保障制度，对那些需要帮助的弱势群体提供援助，保障他们的基本生活需要；其次，建立适应重庆市经济发展水平的农村医疗保障制度，解决关系到农民切身利益的卫生保健问题；最后，建立和完善重庆市农村社会的养老保险制度，农村养老保险制度应在不放弃家庭养老的前提之下，多渠道筹措保障资金，以解决资金不足的问题。在满足以上这三点最基本的项目建设需求后，可根据重庆市经济发展状况进一步调整重庆市农村社会保障的侧重点及提高保障水平。

加强宣传，提高重庆市农村居民的社会保障意识。社会保障项目的实施首先就需要参与人员的支持和响应。重庆市由于制度的缺陷和宣传不到位等因素，农民普遍缺乏参与社会保障的积极性，社保意识不强。因此，要建立和完善重庆市的农村社会保障制度，就必须充分利用各类媒体的力量，加大宣传力度，普及社会保障的相关知识和法规，在使农民充分认识到社会保障的重要性和必要性的同时，了解享受社会保障的权利和必须承担的义务，引导和鼓励农民参与农村保障制度建设。

8.7　引导农民正确消费，拓宽消费领域和层次

更新消费观念是开拓重庆市农村生活消费市场的先导。要引导重庆市农村居民破除小农意识，激发农民通过勤劳致富来改善生活，提高生活质量，领略新的消费时尚，拓宽消费领域。同时，要着重提高农村居民的素质，引导农村居民追求文明、健康、向上的生活方式，加大科技、文化、教育、娱乐等非商品性消费，改善消费结构，提高农村居民的消费水平和档次。在更新农村居民消费观念的基础上，还要发展农村的消费信用，改变传统的积累型消费支付方式，重点扩大住房、农用车、大型家电、农机产品等市场，实现从滞后型消费转为适当超前消费，将潜在需求转变为现实需求。

8.8　捕捉农村市场新亮点，创造消费需求新热点

重庆市农村生活消费市场商机无限，关键在于能否准确把握市场需求。为此，企业要坚持面向农村、服务农村，研究农村市场的需求结构，探索农村村民的收入水平、文化层次、生活质量、消费习惯以及消费的新特点，并以此来调整生产结构和产品结构，加快产品更新，用物美价廉、功能简单、经济实惠、经久耐用的商品打开农村生活市场。目前，要重点在建筑建材、化肥等生产资料和洗衣机、电视机、冰箱、摩托车、电话等生活消费品上下

131

功夫，更多地生产适销对路的产品，提高对西部重庆市农村市场的有效供给，刺激农村消费形成新热点。

8.9　鼓励外出务工人员回乡创业

重庆地区外出务工的农村劳动力多为青壮年，这部分人是农村最大和最前卫的消费群体。他们的消费需求是多方位的。他们也是拉动农村消费的生力军。因此，大量青壮年外出务工，不利于拉动农村的消费。为此，应当鼓励一部分有经济和技术实力的农民工回乡创业。农民工回乡创业，实际上是农民工外出打工时资金、技术、管理、信息、理念等创业要素积累到一定水平时的一种理性的创业行为。这部分会创业的农民工不仅本身消费能力强，而且在带回资金、技术和市场信息的同时更带回了都市文明和现代消费观念、思维方式以及生活方式，这无疑会影响到周围的人进而带动他们的消费。农民工回乡创业为当地农民创造了新的就业岗位，为农民就业和增收提供了有效途径，使农民就地就近进入第二、第三产业。根据统计，大多数回乡创业的农民工创办企业的行业与其务工时的企业一样，比较集中于建筑、采矿、运输、电子、餐饮、食品和农产品加工等行业，而这些行业的突出特点就是都属于劳动密集型产业，便于吸纳当地农村富余劳动力，促进其增收，带动其消费。

9. 结论

　　重庆市农村生活消费市场的拓展有利于挖掘重庆市农村生活消费市场蕴藏的巨大潜力，保持重庆市农业和农村经济稳定发展；有利于优化重庆市农村生活消费市场的交换场所与消费环境，帮助农民建立合理的消费方式和结构；有利于延缓重庆市农村产业生命周期，提高重庆市经济总体的资源配置效率。

　　重庆市农村生活消费市场结构特征的总体趋势是生活消费结构由"生存型"消费需求逐步转向"发展＋享受型"消费需求，消费结构向更高层次演化和升级。第一，农村居民用于生产性和生活性支出的市场化特征也越来越明显，主要体现在货币消费比重提高、非商品性消费支出明显增多、信用消费开始进入农民家庭等。第二，重庆市农村生活消费与其他几个直辖市和全国平均水平相比，现阶段总体消费水平仍较低，消费增长速度缓慢，平均消费倾向较低。第三，消费结构升级速度迟缓，不同经济区域及不同消费项目消费冷热不均。在八类生活消费品中，交通通信、医疗保健和娱乐教育三大消费品增长最快、增幅最大，已成为重庆市农村居民关心的消费热点和发展方向，反映了农村消费市场的巨大潜力和消费欲望。第四，农村消费层次多样化。相对城市而言，重庆市农村范围更广泛，居民更多，从而导致内部消费层次更多，地区之间消费偏好和消费习惯差别更大。

导致重庆市农村生活消费市场疲软的因素包括：第一，重庆市农民收入增长缓慢且收入差距扩大。农民收入差距扩大影响了农村生活消费，农村社会财富向高收入组集中，不利于农村生活消费市场的开拓与扩大。收入的这种增长趋势导致了农村居民收入差距的扩大，购买力相差悬殊，引起消费预期改变（包括收入、价格预期、利益预期，政策评价等），从而导致消费断层产生。第二，重庆市农村生活消费基础设施落后且消费环境差。基础设施的数量、质量、规模和档次欠缺；农村输变电设备、供电线路不完善、电费高及农民安全用水、足量用水困难，影响农村耐用消费品进入农村市场；农村交通与通信消费服务网络不完善，不能满足生产、生活的商品需求；农村道路建设差，导致工业品下乡、农产品进城困难。第三，重庆市农村生活消费市场流通体系和渠道不完善。农产品进入市场的组织化程度不高，交易市场布局不合理，交易方式落后等问题，影响农产品正常流通。第四，农村流动性约束和金融体系落后。农村信贷市场不发达，信贷规模种类不够，对重庆市农村居民消费具有极强的敏感性。第五，农村社会保障制度不完善。重庆市农村社保资金严重不足，农民可支配收入少，覆盖面窄，保障水平低，保障项目也不够健全，农村社保法律约束力不够，政策实施缺乏规范性和可操作性。

134　　　拓展农村生活消费市场的对策建议。第一，增加农民收入，扩大消费需求。第二，改善农村消费市场环境，促进消费市场发展。第三，改善农村商品流通体系。第四，化解流动性约束对农民生活的消费制约。第五，建立多元化、多层次的农民社会保障制度。

参考文献

［1］国家统计局. 中国统计年鉴［M］. 北京：中国统计出版社，1990—2009.

［2］重庆统计局. 重庆统计年鉴［M］. 北京：中国统计出版社，1990—2009.

［3］范剑平. 中国城乡居民消费结构的变化趋势［M］. 北京：人民出版社，2001.

［4］曾令华. 消费水平与经济发展［M］. 北京：中国财政经济出版社，2000.

［5］刘天祥. 经济起飞过程中的农村消费市场培育研究［M］. 北京：中国工商出版社，2001.

［6］郑凤阳. 制度变迁与中国农民经济行为：农民供给行为与制度理性假说［M］. 北京：中国农业科技出版社，2002.

［7］中国农村市场模式研究编委会. 中国农村市场模式研究［M］. 北京：新华出版社，1993.

［8］刘方域 . 90 年代中国市场消费战略［M］. 北京：北京大学出版社，1994.

[9] 杨圣明. 中国式消费模式研究 [M]. 北京：社会科学出版社，1989.

[10] 尹世杰. 中国消费结构研究 [M]. 上海：上海人民出版社，1988.

[11] 吴绍中. 中国消费研究 [M]. 上海：上海社会科学院出版社，1990.

[12] 孙国锋. 中国居民消费行为演变及其影响因素研究 [M]. 北京：中国财政经济出版社，2004.

[13] 曾璧均. 我国居民消费问题研究 [M]. 北京：中国计划出版社，1997.

[14] 易丹辉. 居民消费统计学 [M]. 北京：中国人民大学出版社，1994.

[15] 农业部课题组. 建设社会主义新农村建设若干问题研究 [M]. 北京：中国农业出版社，2006.

[16] 王振中. 中国农业、农村与农民 [M]. 北京：社会科学文献出版社，2006.

[17] 卢嘉瑞. 消费经济理论与实践研究 [M]. 石家庄：河北人民出版社，2007.

[18] 章晓英. 重庆市消费的城乡差距分析 [J]. 江苏商论，2006 (2).

[19] 章晓英，袁小平. 重庆市城乡居民贫富差距现状及成因分析 [J]. 乡镇经济，2008 (5).

[20] 章晓英，陈元刚. 不同收入层的消费特点分析 [J]. 统

计与决策，2005（11）.

[21] 章晓英. 完善社会保障体系，优化居民消费结构 [J]. 经济师，2001（11）.

[22] 陈元刚. 培育消费热点，促进重庆消费升级 [J]. 商业经济文萃，2005（5）.

[23] 田成川. 解决消费需求不足的必有之路 [J]. 宏观经济管理，2004（8）.

[24] 谢晶晶，罗乐勤. 城市化对投资和消费的拉动效应分析 [J]. 改革与战略，2004（5）.

[25] 唐淑云. 论我国农村消费特征的演替及拉动消费的对策 [J]. 消费经济，2003（3）.

[26] 尹世杰. 不断提高消费质量，全面建设小康社会 [J]. 消费经济，2003（6）.

[27] 李锐，项海容. 不同类型的收入对农村居民消费的影响 [J]. 中国农村经济，2004（6）.

[28] 郭友群. 关于提高我国消费率的思考 [J]. 经济问题，2004（10）.

[29] 尹世杰. 加强消费启动保持经济自主增长良好势头 [J]. 经济学动态，2003（8）.

[30] 曾赛丰. 论消费热点对刺激经济增长的作用 [J]. 消费经济，2004（6）.

[31] 杨天宇. 启动我国消费需求的几点思考 [J]. 消费经济，2004（5）.

[32] 姚树荣. 中国消费经济理论研究综述 [J]. 经济纵横，2001 (9).

[33] 徐涛. 关于制约农民收入增长因素的分析 [J]. 农业经济，2003 (7).

[34] 徐振斌. 增加农村居民消费拉动经济增长 [J]. 宏观经济管理，2007 (4).

[35] 陈潮鹏. 完善我国农村消费环境的探索 [J]. 改革与战略，2007 (3).

[36] 李金昌，窦雪霞. 经济转型时期中国农村居民消费与收入关系变迁实证分析 [J]. 中国农村经济，2007 (7).

[37] 安毅，张青. 扩大农村消费的总体思路与政策建议 [J]. 经济与管理研究，2007 (8).

[38] 曾国安，胡晶晶. 20世纪90年代以来中国城镇居民收入差距对消费倾向的影响 [J]. 消费经济，2006 (12).

[39] 李海波. 论金融危机背景下的农村消费市场拓展 [J]. 贵州农业科技，2009 (3).

[40] 刘建国. 我国农户消费倾向偏低的原因分析 [J]. 经济研究，1999 (3).

[41] 王宏伟. 中国农村居民消费的基本趋势及制约农民消费行为的基本因素分析 [J]. 管理世界，2000 (4).

[42] 程兰芳. 中国城镇居民家庭的消费模式分析 [J]. 统计与决策，2004 (4).

[43] 许永兵，李永红. 我国消费率持续走低的原因及其经济

影响 [J]. 生产力研究，2005（10）.

[44] 潘建伟. 扩大农村居民消费需求的难点与对策 [J]. 中国社会科学，2002（2）.

[45] 徐会奇，李敬强. 不同收入来源对农村居民消费的影响及对策 [J]. 经济纵横，2009（3）.

[46] 李明贤. 消费不足对我国经济增长的约束分析 [J]. 消费经济，2006（6）.

[47] 潘琳. 政府购买与居民消费的实证研究 [J]. 中国社会科学，2006（5）.

[48] 罗梦亮. 预防性动机与消费风险分析 [J]. 中国农村经济，2006（4）.

[49] 文启湘. 消费需求结构升级与经济结构转换 [J]. 消费经济，1999（6）.

[50] 唐德祥. 重庆市农村居民消费的现实特征与预测 [J]. 统计与决策，2005（5）

[51] 韩静轩. 我国城镇居民消费需求结构计量经济分析 [J]. 当代经济科学，2001（6）.

[52] 何继新. 透析开拓农村市场的障碍性因素 [J]. 工业技术经济，2001（6）.

[53] 傅裕嘉，冯斌. 农村市场消费需求结构及发展趋势研究 [J]. 西安交通大学学报，2000（2）.

[54] 林毅夫. 加强农村基础设施建设启动农村市场 [J]. 农业经济问题，2000（7）.

［55］谢商武. 对现阶段我国农民消费倾向的探析［J］. 农业经济，2000（6）.

［56］严先溥. 重新审视中国农村市场与农民消费［J］. 中国流通经济，2002（1）.

［57］姜长云. 中国农村消费市场需求预测［J］. 消费经济，2000（5）.

［58］R. M. Sundrum, Income Distribution in Less Developed Countries［M］. London and New York：Routledge，1990.

［59］Wallance C. Peterson&Paul S. Estenson. Income, Employment, Economic Growth［M］. New York and London：W. W. norton & Company, Inc. , 1992.

［60］Paul A. Samuelson & William D . Nordhaus. Economics［M］. New York：The Mcgraw－Hill，1998.

［61］Brent hueth. The goals of U. S. Agricultural Policy：A Mechanism Design Approach［J］. American Journal of Agriclrural Economice，2000（2）.

［62］Martin J. &Bailey. National Income and the Price level［M］. New York：The Mcgraw－Hill，1997.

［63］Schultze T. W. Institutions and the Rising Economic Value of Man［J］. American Journal of agricultural Economics，1968.

［64］Routh Guy. Occcupation and Pay in Great Britain（1901—1981）［J］. London，1987.

［65］Erik Brynjolfsson & Michael D. Smith. A Comparison of

Internet and Conventional Retailers [J]. Management Science, 2000 (4).

[66] Adrian R. Fleissig. The Consumei Consumption Conundrum An Explanation [J]. Journal of Money, 1997.

[67] Andrew B. Abel. Precautionary Saving and Accidental Bequest [J]. The American Economic Review, 1985 (4).

[68] Angus Deaton. Essays in The Theory and measurement of consumer behavior [M]. Cambridge: Cambridge University Press, 1981.

[69] Banks. J. R. Blundell & S. Tanner. Is there a retirement saving puzzle? [J]. American Economic Review, 1998.

[70] Jonathan Crook. Credit Constraints and US Household [J]. Applied financial Exonomics, 1996 (6).

[71] Caballero. R. J. Earning Uncertainty and aggregate wealth accumulation [J]. American Economic Review, 1991.

后 记

　　本书得以完成，必须要感谢所有关心、指导和帮助过我的人。本书是在重庆市教育科技研究项目《西部农村农民收入与消费实证研究》的基础上，综合其他课题和文章的精华，更新数据、资料和研究方法，扩展研究内容而完成的。因此，我要首先感谢重庆市教委给我这么好的一个项目，在研究过程中市教委的领导和专家还给我提出了很多宝贵的意见，在此表示由衷的感谢！其次要感谢课题参与人周洪文、艾熙以及课题组其他成员，没有他们的辛勤付出，课题也不能顺利完成，当然也会影响专著的写作和出版。同时，我也参加了刘幼昕教授的重庆市教委科技项目《主体功能区规划实施背景下重庆市特色效益农业发展对策研究》，我负责的研究内容也被编入专著之中，因此，也向刘幼昕教授表示感谢。

　　在专著的完善和评审过程中，我得到了重庆市科学技术协会各位专家、教授的良好建议，在此，我向他们表示崇高的敬意和衷心的感谢。感谢重庆市科学技术协会资助科技青年出版学术著作资金的资助；感谢重庆工商大学科研处在课题申报、研究、结题、

145

评审、评奖等环节以及专著的写作过程中为我提供的帮助；感谢重庆工商大学经济管理实验教学中心的领导和各位同事的关心和帮助。另外，在专著的写作过程中，我拜读了很多关于农村消费的书籍和文章，这些熟悉和不熟悉的国内外学者的研究文章使我深受启发，并在本专著中引用了他们的许多高见，在此谨向这些学术前辈们表示我诚挚的感谢！

最后，衷心感谢西南财大出版社对本书学术价值的肯定，使得本书得以顺利出版，感谢我的父母、我的丈夫和儿子给我的支持和鼓励，他们使我有坚定的信念完成这本专著。

由于作者水平有限，专著存在的错误及疏漏在所难免，敬请各位专家不吝赐教，作者由衷地表示感谢！

李 虹

2014 年 4 月 30 日于重庆南岸